역사를 읽으면 통찰력을 얻는다
중국역사를 읽으면 중국으로 가는 길이 보인다

21일간의 이야기만화 역사기행

만리 중국사

COMIC VERSION OF CHINESE HISTORY 26, 27, 28

Copyright ⓒ 中国美术出版社总社连环画出版社；编绘：孙家裕；主笔：李宏日·尚嘉鹏
Korean translation copyright ⓒ 2013 by Korean Studies Information Co., Ltd.
Korean translation rights of 《COMIC VERSION OF CHINESE HISTORY》
arranged with LIANHUANHUA PUBLISHER directly.

21일간의 이야기만화 역사기행

만리 중국사

13권 수 / 당 1

초판인쇄 2014년 2월 7일
초판발행 2014년 2월 7일

글·그림 쑨자위
글 라훙르·상자펑
옮긴이 류방승
펴낸이 채종준
기획 권성용
편집 정지윤, 백혜림
디자인 박능원, 이효은
마케팅 송대호, 정경철, 이행은

펴낸곳 한국학술정보(주)
주소 경기도 파주시 회동길 230 (문발동 513-5)
전화 031) 908-3181(대표)
팩스 031) 908-3189
홈페이지 http://ebook.kstudy.com
전자우편 출판사업부 publish@kstudy.com
등록 제일산-115호(2000. 6. 19)

ISBN 978-89-268-5429-7 14910
          978-89-268-5416-7 14910(set)

찬란한 문화, 그 꽃을 피우다

13권 수 / 당 1

쏜자위 글·그림
리훙르·상자펑 글

만리 중국사

21일간의 이야기만화 역사기행

이담
Books

　중국은 세계 4대 문명 발상지 가운데 하나다. 중화 문명은 아득히 먼 옛날부터 수천 년 동안 전해져 내려오며 상고上古, 하夏, 상商, 주周, 춘추春秋, 전국戰國, 진秦, 서한西漢, 동한東漢, 삼국三國, 서진西晉, 동진東晉, 남북조南北朝, 수隋, 당唐, 오대십국五代十國, 송宋, 요遼, 서하西夏, 금金, 원元, 명明. 청淸 등의 역사 시대를 거쳤다.

　중화 문명은 세계에서 가장 오래된 문명이자 가장 오래 지속된 문명이기도 하다. 중화 문명과 어깨를 나란히 한 문명으로는 고대 바빌론 문명, 고대 그리스 문명, 고대 이집트 문명 등이 있다. 어떤 문명은 중국보다 먼저 발생하고, 또 범위도 훨씬 넓었지만 이들은 이민족의 침입 혹은 스스로의 부패로 인해 멸망하여 결국 기나긴 역사 속에서 연기처럼 사라져 버렸다. 중국만이 세계에서 유일하게 문명 대국을 자랑하며 유구한 역사를 이어 오고 있다.

　수천 년 동안 중화 민족은 무엇에도 굴하지 않는 강인한 의지와 과감한 탐구 정신, 총명한 지혜로 웅장한 역사의 장을 엶과 동시에 눈부시게 찬란한 물질문명과 정신문명을 창조했다.

　이 책의 편집 제작은 정사正史를 바탕으로 진실하고 객관적인 사실을 전달하는 데 주력했다. 또한 역사를 만화 형식으로 풀어 씀으로써 독자들이 아름답고 다채로우며 생동감 넘치는 장면을 느끼리라 기대한다. 독자 여러분들이 쉽고 재미있게 읽는 가운데 역사를 직접 느끼고 역사에 융화되어 깨닫는 바가 있기를 바란다.

지롄하이紀連海

중국 CCTV '백가강단百家講壇' 강사

찬란한 문화,
그 꽃을 피우다

수(隋, 581~618년)나라는 양견楊堅이 남북조시대의 혼란을 종식하고, 서진이 멸망한 후 분열되었던 중국을 약 3백 년 만에 재통일한 왕조이다. 그러나 제2대 황제인 양제煬帝 양광楊廣의 폭정으로 인해 멸망하고, 그 후 약간의 혼란기를 거쳐 당나라가 중국을 재통일했다. 수나라는 비록 3대 38년 만에 단명했으나 남북으로 갈라져 있던 중국을 오랜만에 하나의 판도에 넣었고, 뒤를 이은 당이 중국의 영토를 더욱 넓혀 대통일을 이룩하는 데 기반이 되었다는 점에서 매우 의미가 크다.

수나라가 농민 반란으로 혼란에 빠지자, 태원太原 유수 이연李淵은 군사를 일으켜 장안을 탈취하고 당(唐, 618~907년)을 건국했다. 당은 당시 전 세계에서 가장 강력한 국력을 자랑할 정도로 매우 번영했고, 정치·경제·문화 등 다방면에서 최고 전성기를 구가해 현재까지도 역사상 가장 막강했던 대제국으로 평가받는다.

당은 수나라의 각종 정치 체제를 이어받았고, 민족 융합 정책을 널리 펼치면서 가져온 개방성의 결과, 동서 문화의 교류도 활발하게 전개되었다. 이연의 뒤를 이은 당 태종 이세민李世民은 '정관貞觀의 치治'를 통해 당의 성세를 열었다. 당은 측천무후則天武后가 주周라는 새로운 왕조를 건립한 기간 동안 잠시 정지되었지만, 현종玄宗의 '개원開元의 치治' 때 다시 전성기를 맞이해 문학과 예술 방면에서 꽃을 활짝 피웠다.

이후 현종의 치세 말년에 안록산安祿山과 사사명史思明이 일으킨 '안사의 난'으로 중국은 다시 난세와 분열의 시대로 접어들었다. 이 분열 시기는 새로운 사회로의 진입을 위한 진통의 시간이기도 했다. 안사의 난을 계기로 토지 제도인 균전제均田制와 수취 제도인 조용조租庸調는 양세법兩稅法으로 통합되었다. 양세법은 토지 소유에 대한 국가의 제한을 없앤 제도로 이후 국가 재정의 제도적 기반이 되었다.

한편 새로운 품종과 농기구의 도입, 새로운 농법의 발전, 적극적인 개간과 간척으로 농업 생산량이 대대적으로 증가했다. 특히 강남이 눈부실 정도로 발전하여 경제 중심지가 화북에서 강남으로 이동하게 되었다. 이와 함께 상공업에 대한 국가의 규제와 간섭이 완화되어 상업이 발달하고, 운하망을 중심으로 교통 요지에 대도시가 발전했다.

그러나 당은 이런 거대한 변화의 흐름에 적응하지 못하고 환관의 정치적 횡포와 관료들 사이의 당쟁으로 허송세월을 보냈다. 마침내 재정적 기반이었던 강남을 강타한 황소黃巢의 난이 일어나면서 붕괴의 길로 빠져들기에 이르렀다.

상고 上古		B.C. 약 800만~2000년
하 夏		B.C. 2070~1600년
상 商		B.C. 1600~1046년
주 周		B.C. 1046~771년
춘추 春秋		B.C. 770~403년
전국 戰國		B.C. 403~221년
진 秦		B.C. 221~206년
한 漢	서한 西漢	B.C. 206~A.D. 25년
	동한 東漢	25~220년
삼국 三國_위·촉·오		220~280년
양진 兩晉	서진 西晉	265~317년
	동진 東晉	317~420년
남북조 南北朝		420~589년
수 隋		581~618년
당 唐		618~907년
오대십국 五代十國		907~960년
송 宋	북송 北宋	960~1127년
	남송 南宋	1127~1279년
요 遼		907~1125년
서하 西夏		1038~1227년
금 金		1115~1234년
원 元		1271~1368년
명 明		1368~1644년
청 淸		1644~1911년

수 隋

- 581년 양견이 북주를 멸하고 수를 건국하여 수 문제로 즉위
- 589년 진을 멸하고 전국을 통일
- 598년 고구려 원정
- 600년 태자 양용을 서인으로 폐하고 진왕 양광을 태자로 책봉
- 604년 수 문제 사망, 양광이 수 양제로 즉위
- 605년 동도 건설, 통제거 개통, 한구 준설
- 608년 영제거 개통
- 612~614년 수 양제가 3차례 고구려 정벌에 나섬.
- 617년 삼대 기의군(와강군, 하북 기의군, 강회 기의군)이 형성됨.
- 618년 강도에서 반란이 발생하여 수 양제가 피살

당 唐

- 618년 이연이 당을 건국하여 당 고조에 오름.
- 621년 이세민이 왕세충과 두건덕을 격파
- 626년 현무문의 변, 이세민의 즉위(당 태종), 위수의 맹약
- 630년 이정·이적이 동돌궐을 격파
- 638년 서돌궐의 분열
- 640년 고창을 평정하고 안서도호부 설치
- 641년 당과 토번(티베트)이 혼인으로 화친함.
- 643년 태자 이승건을 폐위하고 진왕 이치를 태자로 세움.
- 645년 현장법사가 천축에서 불경을 가지고 돌아옴.
- 646년 현장이 『대당서역기』를 완성함.
- 649년 당 태종의 병사, 고종 이치 즉위
- 668년 이적 등이 고구려를 공격하여 안동도호부 설치
- 682년 약왕 손사막의 죽음
- 690년 측천무후가 황제에 올라 국호를 주周로 바꿈.
- 705년 중종이 복위하여 국호를 당으로 회복, 측천무후 사망
- 710년 위후가 중종을 시해하고 섭정을 행함.

차
례

수

수

令

隋

양견楊堅

수隋 문제文帝. 수나라의 개국 황제로 수백 년간 분열된 중국을 통일했다. 선진적인 관리 선발 제도를 도입하고, 문화와 경제를 발전시켰다.

장손성長孫晟

수나라의 외교 전략가. 수나라 초기 돌궐을 제압하는 데 큰 공을 세웠다.

정역鄭譯

수나라의 관리. 유방과 함께 양견의 황제 등극을 도왔다.

유방劉昉

수나라의 관리. 양견의 황제 등극을 도왔다.

사발략沙鉢略칸

돌궐의 6대 칸. 수 문제 개황 연간에 수나라를 침략했다가 실패하고 돌아갔다. 후에 돌궐이 동·서로 나뉘자 동부를 지배하며 수나라에 신하를 칭했다.

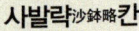

독고황후獨孤皇后

이름은 가라伽羅로 후주의 대사마 독고신獨孤信의 일곱째 딸이다. 수 문제가 즉위한 후 문헌文獻황후에 봉해졌다.

양광楊廣

수 양제煬帝. 수 문제의 차남으로 중국 역사상 최악의 황제 중 한 명으로 꼽힌다. 재능이 뛰어났지만 포악하기로 유명했다. 재위 기간에 토목공사를 크게 일으키고 영토 확장에 나섰다가 백성을 도탄에 빠뜨려 결국 수나라의 멸망을 초래했다.

아파 阿波칸
서돌궐의 칸으로
초기에는 동돌궐에
신하로 복종했다.

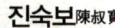

진숙보 陳叔寶
진 후주後主. 남조 진나라의
마지막 황제로 재위 기간 동안
대대적으로 궁전을 건설하고
사치스런 생활에 빠져 정사를
전혀 돌보지 않았다.

이밀 李密
수나라 말기
농민 기의군 중 하나인
와강군瓦崗軍의 수령.

이연 李淵
당 고조. 당나라를 창업한
정치가이자 군사가이다.
결단력이 강했으며
멀리 내다보는 식견이
뛰어났다.

배적 裴寂
당 초기의 대신. 건국 후
상서복야를 역임했으며
이연의 큰 신임을 받았다.

이세민 李世民
당 태종. 당의 2대 황제로
유능한 정치가이자 군사가,
서예가, 시인이다.
역사적으로 유명한
'정관貞觀의 치'를 열었다.

시대별지도 -隋

서돌궐西突厥

동돌궐東突厥

말갈靺

거란契丹

탁군涿郡

태원太原

장안長安
隋

영제거永濟渠

낙양洛陽(동도東都)

와강瓦崗

통제거通濟渠

강도江都

건강建康

항주杭州

유구流求

隋

양견이 수나라를 건립하다

579년, 21세의 북주 황제 우문윤宇文贇은 일찍 태상황이 되고 싶어 제위를 여덟 살 난 아들 우문연宇文衍에게 물려주었지만 조정 대권은 여전히 그가 쥐고 있었다.

주색에 빠져 있던 우문윤이 중병에 걸려 목숨이 위태로워지자 측근인 유방과 정역은 걱정에 밤잠을 이루지 못했다.

유방, 태상황께서 가실 날이 이제 얼마 안 남았어.

젊은 양반이 몸관리 좀 잘 하시지.

정역, 태상황이 안 계시면 우리 자리도 지탱하기 어려워지네.

시무룩

폐하의 나이가 어려서 정권은 분명 대신들에게 넘어갈거야.

우린 대신들에게 미움을 사 누가 정권을 쥐어도 불리해져.

그렇다고 앉아서 죽음을 기다릴 순 없다고.

빨리 대책을 강구해 보자!

심사   숙고

조정 대신들 중 보정대신 자격에 가장 가까운 사람은 수국공 양견이야.

그럼 내일 양견을 찾아가서 보정대신이 되라고 권해 보자.

그게 좋겠어.

그가 응낙하면 일이 성사된 후 우리에게 관직을 더해 주겠지?

흐흐흐

16

수국공, 태의 말로는 태상황께서 며칠 버티시지 못할 것이라고 합니다.

뭐요?

저와 유방은 태상황께 수국공을 보정대신에 임명해 달라고 청할 예정입니다.

이 일은 당연히 태상황과 상의해야지요.

실은 태상황께서 말을 하실 수 없어서 유조 작성은 저와 유방의 소관입니다.

공의 딸은 황후이고 공도 수국공에 대사마 직을 맡고 있으니 보정대신에 오르는 게 순리에 맞습니다.

다른 사람이 되는 것보다는 본인이 되는 게 낫지 않겠습니까!

살짝 말씀드리지만 태상황의 본심은 조왕 우문초에게 있습니다.

조왕이요?

17

조왕과 공은 앙숙인데 그가 보정대신이 되면 공은 살길이 없습니다.

하지만 ……

저희도 조왕에게 미움을 사 그가 보정대신이 되길 바라지 않습니다.

여러모로 생각해 봐도 보정대신은 조왕보다 공에게 더 어울립니다.

그래도……

내가 그런 막중한 소임을 잘 해낼 수 있을까?

계속 주저하시면 저희도 다른 사람을 찾을 수밖에 없습니다.

기회를 놓치지 마십시오.

음…

내 앙숙이 보정대신이 되면 목숨을 걱정해야 할 판이니 저들의 제의를 받아들이는 게 낫겠어.

좋소. 그럼 내가 보정대신에 오르리다!

잘 결정 하셨습니다!

부인, 이것이 잘한 결정인지 모르겠소.

아니면 빠져 나갈 구멍은 있으신가요?

이덕림 대인이 지략이 풍부하니 찾아가서 대책을 논의해 보세요.

아, 그가 있었구려!

19

양견은 이덕림을 찾아가 자초지종을 설명하고 의견을 구했다.

이 대인, 이 일을 어찌 보십니까?

유방, 정역이 큰일을 꾸미고 있었구먼.

이 일이 새나가면 유방, 정역은 목이 달아나니 무조건 공을 위해 일할 것입니다.

그럼 조왕이 불만을 품고 모반을 일으키지 않을까요?

유조에 공이 보정대신으로 돼 있다면 조왕도 어쩔 도리가 없습니다.

공이 병권을 쥐고 있으면 조왕이 진짜로 반란을 일으켜도 뭐가 두렵겠습니까?

덕분에 맘이 놓입니다. 감사합니다.

580년, 우문윤이 병으로 세상을 떠나자 유방과 정역은 거짓으로 꾸민 유조를 발표했다.

유조를 받드시오. 수국공 양견은 보정대신을 맡아 전군을 통솔하라!

관례에 따라 보정대신은 종실이 맡아야 하거늘 어찌 외척에게 준단 말이오!

안지의, 설마 유조가 가짜라고 의심하는 거요?

그렇다. 유조는 네가 위조한 것이 틀림없다!

누굴 속이려고!

21

그만 싸우시오.
본왕이 중재해
드리리다.

어?

나는 종실
대왕이니 내가
수국공과 함께
정무를 처리
하겠소.

이러면 유조에
위배되지도 않고
다른 말도 나오지
않을 것이오.

정말 좋은
해결책
입니다.

한왕 우문찬이
어디서 튀어
나온 거야?

아오-

혹시 반대
의견이 있으면
말씀하십시오.

저희는 이의
없습니다.

22

우문찬은 양견과 같은 반열에 올라 사사건건 정무에 간여하며 양견을 견제했다.

갑자기 한왕이 뛰어나오는 바람에 계획이 모두 수포로 돌아갔어.

한왕이 매일 수국공 옆에서 그의 정무 처리를 지켜보고 있다고.

우리의 관직을 올려 달라고 건의할 틈도 없으니, 원.

일거수일투족을 감시당하고 있어서 가시방석에 앉은 기분이야.

그럼 한왕을 묶어 놓을 방법을 찾아보자!

한왕이 올해 열다섯이니 그 나이에 뭘 가장 좋아할까?

그거야 당연히 여자 아니겠나?

그럼 미인계를 쓰자!

23

한왕부

이 미녀들이 마음에 드실지 모르겠습니다.

호호호…

정말 예쁘다!

우리 계략이 잘 맞아떨어진 듯하군.

한왕을 모시지 않고 뭐하느냐!

예!

대왕……

너희들이 날 아주 녹이는구나!

흐흐

한왕께서는 관저에서 이 미녀들과 노시고 조정 업무는 수국공에게 맡겨 버리십시오.

알겠다. 내일부터 궁에 나가지 않는다고 수국공에게 전해라.

예!

흐흐, 드디어 한왕을 떨궈 냈다.

24

그래, 이렇게 한 단계씩 차근차근 가는 거야!

드디어 지긋지긋한 한왕을 내쳤구려.

내 감사의 표시로 유방은 황국공에, 정역은 패국공에 봉하겠소.

따로 상금도 준비해두었소.

이제 우린 부자야!

맞아!

외척인 내가 조정을 독점하자 많은 종실, 친왕이 불만을 품고 있소.

조왕은 군사를 모아 반란을 모의 중이요.

그대들은 팔자가 핀지 몰라도 난 앞날이 캄캄하기만 하다오.

무슨 문제라도 생겼습니까?

조왕의 반란이 성공한다면 죽음을 면할 길이 없겠군요.

조왕이 종실과 사이가 아주 좋아서 내 조만간 이들의 협공으로 죽고 말거요.

보정대신이라도 종실의 인정을 받지 못하면 아무 짝에도 쓸모가 없구려.

아휴-

내친 김에 황위에 오르시면 어떨까요?

맞습니다. 이것이 후환을 없애는 가장 좋은 방법입니다!

그래, 이참에 새로운 시대를 여는 거야!

황제만 되면 나를 막을 자는 없어!

581년, 양견은 황제를 핍박해 제위를 선양받아 수나라를 건립하고 수 문제에 올랐다. 한편 양견을 위해 계책을 냈던 유방, 정역은 쓸모가 없어지자 결국 토사구팽*당하는 결말을 맞았다.

* 토사구팽兎死狗烹
토끼를 잡으면 사냥하던 개는 삶아 먹는다는 뜻으로, 필요할 때 써 먹고 쓸모가 없어지면 버린다는 말이다.

26

장손성이 꾀로
돌궐에 내분을
일으키다

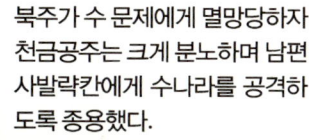
북주가 수 문제에게 멸망당하자 천금공주는 크게 분노하며 남편 사발략칸에게 수나라를 공격하도록 종용했다.

돌궐은 흉노에서 갈라져 나온 일족으로 북위 말기에 흥기하여 북주 때 힘이 막강해졌다. 북주의 조왕 우문초는 딸 천금공주를 돌궐 수령 사발략칸에게 시집보냈다.

칸, 무슨 고민이라도 있으십니까?

시무룩

난 북주 황제의 친척인데 수나라의 황위 찬탈을 막지 못했어.

그럼 군대를 보내 수나라를 멸하십시오!

좋다. 즉각 군사를 이끌고 수나라를 공격하라!

예, 알겠습니다!

수나라 황궁

장손성, 방금 또 돌궐의 침략을 막아내긴 했는데 이들의 계속되는 침략을 막을 근본적인 대책이 없겠소?

돌궐의 잦은 국경 침략은 천금공주와 뗄 수 없는 관계에 있습니다.

사발략이 천금 공주를 총애해서 그녀 말이라면 뭐든 들으니 ……

골치 아프군.

돌궐에 내란이 일어난다면 사발략도 우리를 침략할 겨를이 없을 겁니다.

한번 일을 좀 벌여 볼까?! 크크

돌궐 각 부락은 겉으로만 사발략에게 복종하고 있습니다.

많은 부락이 실은 그의 독단적 처사에 불만이 많습죠.

그들의 관계가 공고하지 않아 조금만 도발해도 혼란에 빠지게 됩니다.

만일 실패하면 괜히 사발략의 심기만 건드리는 꼴이 아니오?

좋소. 이 일은 그대에게 전권을 위임하리다!

걱정 마십시오. 신이 꼭 실수 없이 일을 처리하겠습니다.

자신 만만

일찍이 돌궐과 친분이 두터웠던 장손성은 먼저 사발략의 동생인 처라후를 찾아갔다.

처라후, 오랜만입니다!

장손성, 무슨 바람이 불어 날 찾아왔소?

돌궐에 사신으로 가는 길에 옛 친구가 보고 싶어 들렀소이다.

그대를 만나니 정말 기쁘구려!

하하ー

그런데 여긴 왜 이리 추운 거요?

덜덜~

고귀한 사발략칸의 친형제가 왜 이런 낡은 장막에서 기거하는 것이요?

휴ー 말도 마쇼.

형님은 내가 부락 사람들의 지지를 받자 날 원망하고 못 잡아 먹어 안달이라오.

형님은 무슨 형 놈!

30

자기 친동생도 질투한단 말이오?

속이 너무 좁아서 의심하지 않는 사람이 없소.

그래, 바로 이거거든.

장손성, 그대는 지략이 뛰어나니 다시는 억울한 일을 당하지 않을 방법 좀 알려 주시오.

방법이야 있지만 형제간의 우애를 깨뜨릴까 걱정 돼서……

기탄없이 말해 보시오. 내 그런 형을 잊은 지 이미 오래되었소.

기왕 이렇게 된 이상 그대가……

숙덕숙덕
속닥속닥

응응……

호오~
역시 장손성은 세략에 능해.

31

처라후가 돌궐의 최신 정보를 제공해 우리의 사발략칸 공략을 돕겠답니다.

그거 정말 듣던 중 반가운 소리군.

처라후 말로는 달두와 사발략이 가장 사이가 나쁘니 그쪽부터 손을 쓰라고 합니다.

돌궐의 최고 지도자만이 낭두기*를 가질 수 있습니다. 며칠 후 달두에게 사신을 보내 낭두기를 선물하십시오.

달두 부락의 실력은 사발략에 버금가는데, 사발략이 달두를 의심하면 양대 부락 간에 내분이 일어나겠군.

좋았어!

돌궐이 내분으로 흐뜨러지면 우리에게 대적할 수 없습니다.

훌륭하구려!

* 낭두기|狼頭旗
늑대의 얼굴이 그려진 깃발. 돌궐은 늑대를 부족의 토템으로 삼았다.

이때 사발략과 달두의 사신이 수나라로 와 역참에 머무르고 있었다.

장손 장군, 돌궐의 사발략칸과 달두칸의 사신이 모두 폐하를 뵙길 청합니다.

달두칸의 사신에게는 상등 객실을 내주고, 사발략칸의 사신에게는 일반 객실을 내주어라.

계략에 한 치의 빈틈도 있어선 안 돼.

하지만 관례에 따라 이미 사발략칸의 사신에게 상등 객실을 내주었는걸요.

그럼 사발략칸의 사신을 일반 객실로 쫓아내면 된다.

사발략칸의 사신은 길길이 날뛰고 돌아가서 사발략칸에게 달두칸 욕을 마구 해댈 거야.

차근 차근

33

사발락 부락

칸께서
절 위해 복수해
주십시오!

무슨 일로
그러느냐?

제가 원래 수나라
역참 상등 객실에 묵고
있었는데, 달두칸 사신이
오자 일반 객실로
쫓겨났습니다.

으…
분해!

어찌 그럴
수 있느냐?

역참 관원 말로는 돌궐
사신이 묵는 상등 객실이
하나뿐이라고 합니다. 그
리고 칸의 지위가 달두칸
만 못해서……

뭣이라고!

모두 수나라 관원에게 들은 말입니다.

설마 수나라 사람 눈에 달두가 돌궐 수령으로 비쳤단 말인가?

아니야. 그럴 리가 없어.

가만, 얼마 전 수 문제가 낭두기를 달두에게 선물 하기도 했어.

달두가 분명 자신이 곧 칸의 자리를 대체할 것이라고 큰 소리친 게 뻔합니다.

수 황제는 이를 곧이곧대로 믿고 낭두기를 준 것이고요!

이런 죽일 놈을 봤나!

내 이놈을 가만두지 않겠다!

벌떡!

달두칸이 우리가 사발략칸을 공격하는 데 도움을 준다면 신하를 칭하겠다고 합니다.

오, 그래?!

이때 달두칸 역시 본격적으로 움직이기 시작했다.

사발략과 달두가 완전히 등을 돌렸구나.

그런데 이 상황에서 아파칸이 어부지리를 취하지 않을까 염려됩니다.

아파칸은 또 누구요?

실력이 사발략과 달두에 다음가는 돌궐 칸입니다.

아파와 사발략의 관계는 어떻소?

겉으로는 화목하지만 속으로는 서로 이를 갈고 있습니다.

그렇다면 전처럼 사람을 보내 둘 사이를 갈라놓구려.

예, 폐하!

아파 부락

귀한 수나라 사자가 오셨으니 한 잔 합시다!

아파칸은 용맹하기로 둘째 가라면 서러운데 왜 싸울 때마다 패하십니까?

엥?!

사발략칸이 내게만 가장 씹기 어려운 뼈다귀를 던져준 탓이오!

우리 수나라에 의지하고서 실력이 날로 강해진 달두칸을 왜 본받지 않으십니까?

일리 있구려. 내 내일 수 문제에게 사신을 보내리다.

37

사발략은 아파가 우리에게 의탁한 것을 알고 아파 부락을 급습해 아파의 모친을 죽였습니다.

이에 대로한 아파 역시 달두와 연합해 사발략과 맞서고 있습니다.

OK!

하하하, 돌궐에 내란이 일어나 국경의 우환을 한시름 덜었구나!

잘 되었다, 잘 되었어!

서돌궐

동돌궐

훗날 아파칸 부락의 세력이 날로 강대해져 서돌궐로 분리 독립했다. 사발략칸이 기존에 이끄는 부락은 동돌궐로 불린다.

주색에 빠져 나라를 망친 진숙보

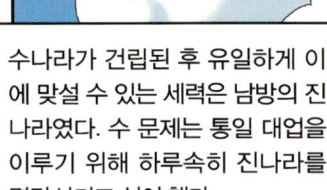

수나라가 건립된 후 유일하게 이에 맞설 수 있는 세력은 남방의 진나라였다. 수 문제는 통일 대업을 이루기 위해 하루속히 진나라를 멸망시키고 싶어 했다.

고경*, 지금 진나라를 토벌하는 것이 어떻겠소?

진나라 황제가 주색에 빠져 있고 민심이 이미 떠났다지만 결코 얕봐서는 안 됩니다.

---

* **고경高頴**
수나라의 재상. 수나라 개국의 일등공신으로 진나라를 멸하는 전쟁에도 직접 참가했다. 훗날 수 양제의 미움을 사 살해되었다.

그럼 좀 더 완벽한 계책을 세워 봅시다.

신에게 좋은 방법이 있는데 다만 그 과정이 꽤 오래 걸립니다.

강남의 수확 철이 올 때마다 우리가 진나라를 공격한다고 사방에 떠벌리는 것입니다.

그러면 저들은 농사를 제쳐 두고 전쟁 준비에 매달려 식량 생산이 감소해 경제력이 크게 약화됩니다.

그런 다음 헛소문에 그들의 방비가 소홀해진 틈을 타 일거에 장강을 건너 침공하는 겁니다.

수 문제는 고경의 계책에 따라 하약필을 보내 진나라에 위협만 가하라고 명을 내렸다.

돌격!

장군, 수나라 장수 하약필이 수군을 거느리고 쳐들어옵니다.

뭐라고?

빨리 전군에 알리고 방비를 강화하라!

예!

진나라가 바로 방어 태세를 갖추었구나!

헤헤, 목적을 달성했으니 돌아가자.

588년, 수 문제는 진왕 양광을 병마 대원수에 임명했다. 그는 50만 대군을 여덟 부대로 나누어 진나라를 대대적으로 침공했다.

수년간 수나라가 위협만 가하고 공격해 오지 않자 진나라는 군기가 해이해지고 방비도 허술해져 있었다.

큰일 났습니다. 수나라 군대가 정말로 쳐들어 옵니다!

뭐라고?

적군이 이미 상륙해 이쪽으로 돌진해 옵니다!

와~

아무런 대비가 없었던 진나라 군대는 속수무책으로 당하고 말았다.

전쟁이 이렇게 쉬워도 되는 거야?

그러게나 말야.

설도형, 이번 전쟁은 승산이 얼마나 되나?

진나라의 점쟁이인 곽복이 강남은 건국 3백 년 후 북방에 통일된다고 예언했습니다.

곧 3백 년이 다가오니 전국을 통일할 수 있습니다.

점쟁이의 말을 어찌 믿겠나?

고경 대인, 제 말이 아직 끝나지 않았습니다.

한편 고경은 이번 전쟁의 성패가 염려돼 수하인 설도형을 불러 전세를 물었다.

진의 황제 진숙보는 사치가 극에 달하고 간신을 총애해 민심이 모두 떠났습니다.

이런 진을 멸하는 것은 하늘 대신 도를 행하는 것이니 어찌 승산이 없겠습니까?

오호~

정말 날카로운 분석이었네.

과찬 이십니다!

그대 말을 들으니 안심이 되는구려.

끝까지 들으시라니까~

44

진나라

나는 채석 수장 서자건이다. 궁에 들어가 폐하를 봬야겠다!

폐하께서 잡인의 출입을 금하셨습니다!

급히 군사 상황을 보고해야 하는 나도 잡인 이란 말이냐?

폐하께서 부르시지 않았 다면 당연히 잡인이지요.

말로 해선 통하지 않는 구나.

그럼 저부터 넘고 가시지요.

챙―

챙

챙―

이 시각 진 후주 진숙보는……

화려한 집 꽃숲은 높은 누각 마주하고, 새로 단장한 아름다운 몸매는 경국지색 이로다.

문을 비친 엉긴 교태에 짐짓 움직이지 않으니, 휘장을 나와 머금은 교태는 보내며 서로 마주하네.*

쿵 쿵 쿵

적군이 삼협을 넘었는데 폐하는 아직도 향락에 빠져 있다니.

쾅!

폐하!

* 진 후주의 시 「옥수후정화玉樹後庭花」

서자건, 어느 안전이라고 함부로 들어 오느냐!

폐하, 삼협이 적에게 넘어 갔습니다.

뭐라고?

장강은 깨뜨릴 수 없는 요새라고 하지 않았냐? 그런데 삼협을 왜 빼앗겼지?

빨리 원군을 보내 수나라 군대의 침입을 막아야 합니다!

시간을 조금만 더 달라.

점쟁이가 건강에는 왕의 기운이 흐르고 게다가 장강은 천험의 요새라 적이 절대 넘어올 수 없다고 말했어.

이는 분명 네가 내 향락을 질투해 일부러 거짓말을 하는 것이다!

네?

여자 땜에 아주 정신이 나갔네. 나갔어!

페하, 적이 이미 건강성을 돌파해, 한금호가 군사를 이끌고 궁으로 쳐들어오는 중입니다!

그럴 리가 없다!

太極殿

우리 빨리 숨을 곳을 찾아보자!

네엣? 숨어요?

으—

헐레 벌떡

밧줄을 던져서 진숙보를 끌어 올려라!

예!

왜 이렇게 무거워!

얼마나 살이 쪘길래 그래?

애고, 힘들다......

아, 궁녀들까지......

허걱

우물 속에 숨어서까지 풍류를 즐기셨다? 과연 망국의 군주답다.

589년, 수 문제는 진나라를 멸한 후 진숙보의 죄를 사면해 주고 장안에서 살게 했다. 또 그에게 많은 상을 내리고 죽은 후에는 '양'이라는 시호까지 내렸다.

수 문제가 아들을 일벌백계로 다스리다

수나라는 건국 후 북주의 법제인 '형서요제'를 그대로 따랐다. 하지만 형량이 너무 무거워 수 문제는 법률을 수정하기로 마음먹었다.

짐이 법률을 수정하려는데 경들의 생각은 어떻소?

신은 법률 개정에 찬성합니다.

현재의 '형서요제'는 형벌이 너무 무겁고 잔혹합니다.

대리소경 상명은 법률 개정에 찬성했는데, 형부시랑은 어떻게 생각하시오?

신도 찬성입니다.

다들 찬성하니 법률 개정에 착수하겠소.

이 일은 발해공 고경이 맡아 처리하시오!

명에 따르겠습니다!

거열형도 폐지해야 합니다.

상명의 말이 맞소. 수레로 사지를 찢어 죽이는 형벌은 너무 잔혹해.

끄덕 끄덕

효수 역시 폐지해 마땅합니다. 사형수의 목을 걸어 모두에게 보여주는 것은 인격 모독 입니다!

형벌들이 들여다볼수록 너무 잔인해.

상명의 말이 일리가 있지만 먼저 조속히 해결해야 할 문제가 있소.

무슨 문제 인가요?

'형서요제'가 너무 난해하 다는 것이오.

새로운 법제는 하급 관리들도 이해할 수 있도록 쉽게 만들어야 하오.

급선무요─

맞습니다. 저도 꼬박 열 번을 읽고서야 겨우 기본적인 의미를 이해했습니다.

전국의 법률을 관장하는 저도 애를 먹었는데 각지에서 안건을 처리하는 법관 들은 말해 무엇 하겠습니까.

그래서 ……

내가 북제의 법률서를 가져왔으니 한번 훑어보시오.

뒤적   뒤적

상명, 어떻소?

간결하고 요점을 추려서 이해가 쉽습니다.

이 기회에 북제의 법률로 '형서요제'를 대체하면 어떨까요?

나도 그럴 생각이오.

이건 수정이 아니라 새로 법률을 제정하는 것이라 폐하께 먼저 알려야 하지 않나요?

조금 있다가 폐하께 알릴 예정이오. 분명 찬성하실 것이라 생각하오.

논의 결과 법률을 새로 제정하는 데 의견이 모아졌습니다.

여기 북제의 법률서를 한번 검토해 주십시오.

북주의 '형서요제'는 죄명이 총 1,537가지인 반면, 북제의 법률은 949가지로군.

법령이 절반 가까이 줄어드니 집행하기도 훨씬 수월하겠구려.

당연히 북제의 법률을 따르는 게 이치에 맞겠소.

그럼 전대를 뛰어넘는 훌륭한 법률을 만들어 보시오!

폐하의 기대에 꼭 부응하겠습니다!

Thank you~

판관이 시비곡직*을 따지지 않고 죄수를 모질게 고문하여 많은 사람이 억울한 일을 겪고 있습니다.

억울한 사건은 대부분 모진 고문의 산물입니다!

법률에 고문 금지 조항이 없으니 판관들은 빨리 판결을 내리려 잔인한 방법을 쓰고 있소.

신 법률에서는 반드시 심문 단계를 규범화해야 합니다!

맞소!

또 판결을 잘못 내린 판관도 처벌해야 마땅합니다!

그 문제는 좀 더 신중히 논의해야만 하오.

* 시비곡직是非曲直
옳고 그르고 굽고 곧음.

무죄가 사형이 되는 것과 1년 유배가 2년 유배로 되는 것은 모두 잘못된 판결 이지만 심각성이 서로 다르오.

그럼 반좌죄와 오판죄를 서로 결합 하면 됩니다.

그거 좋은 방법이오!

만약 무죄를 사형 으로 판결하면 그 판관을 사형으로 다스리고

1년 유배를 2년 유배로 판결하면 남는 1년은 그 판관이 대신 가는 것이죠.

그렇게 되면 판결을 내릴 때 더욱 심사숙고 하고 멋대로 판결을 내릴 수 없습니다.

억울한 사건도 크게 줄어들 것이고요.

신 법률 제정 논의는 어찌 되고 있소?

신 등이 논의를 거쳐 효수나 거열형처럼 지나치게 잔인한 형벌은 폐지하기로 결정했습니다.

모반죄를 제외한 나머지 중죄에서도 일족을 멸하는 조항을 뺐습니다.

사형은 교수형과 참수 두 가지로 나누고, 유배 기간은 5년을 넘지 않습니다.

음, 좋군!

법률의 존엄성을 지키기 위해 신 등이 어려운 결정 하나를 내렸습니다.

무슨 결정이오?

이전 황제들은 대사면령을 내려 모든 죄인의 죄를 감면해 주었습니다.

하지만 모반죄, 종묘 훼손죄, 시체 절단죄, 불효 등 대죄를 저지른 죄인은 절대 감형해 주어선 안 됩니다!

죄질이 나쁜 그런 악행은 절대 사면해 주지 않겠소.

짐도 사형은 좀 더 신중해야 한다고 생각하오.

이후 사형 문건을 전부 짐에게 주면 짐이 재심사하겠소.

수 문제의 연호가 개황開皇이어서 새로 제정한 법률을 '개황률開皇律'이라고 부른다. 이 신 법률은 중국 법률 체계의 기초를 다져 중국 법제사에서 기념비적인 의미를 가지고 있다.

'개황률'에서는 또 10가지 악행을 절대 사면하지 않는다고 규정했다.

백성들이 안정된 삶을 누리며 즐겁게 일하는 모습을 짐이 친히 보고 나니 기쁘기 한량없구나!

진왕 양준이 있는데 백성이 안락하다고요?

양준이 무슨 일이라도 저질렀느냐?

아이고, 말이 헛나왔네.

빨리 말해라! 대체 무슨 일이 있었느냐?

진왕이 백성의 재물을 강제로 빼앗아 자신의 저택을 짓는다고 합니다.

그걸 왜 짐이 몰랐단 말이냐?

진왕은 폐하의 아들이라 누구도 감히 말을 꺼내지 못했을 겁니다.

너는 빨리 가서 사건을 철저히 조사해라!

내가 어떻게 감히 진왕을 조사할 수 있겠어.

초 난감

60

몇 달 후

양준을 조사
하겠다는 자가
아무도 없다니!

유승, 양준을
즉각 폐위시키
도록 하라!

단 호!

폐위는 너무
심한 것 아닙
니까?

백성의 재물을
약탈해 저택을 짓는
행위는 반드시 처벌
받아야 한다!

법률은 조정
에서 제정한 것이니
누구도 어겨선 안
된다. 짐의 아들
이라고 예외가
될 수 없다!

이러다가 어느 날
폐하께서 후회하고
사안을 번복하시면
불똥이 나에게
튀게 돼.

한 번 더 숙고해 주십시오!

짐에게 아들을 위해 법률을 고치란 말을 하는 거요?

신이 어찌 감히!

주공은 반란을 일으킨 아우 관숙과 채숙을 모두 죽였소. 짐이 주공을 따를 순 없지만 법률을 무시해서도 안 되오!

예, 폐하!

짐은 양준을 엄벌에 처해 누구라도 법률의 존엄성을 모독해서는 안 된다는 사실을 만천하에 알리리라!

수 문제는 자신의 아들을 처벌하여 모든 관원에게 경각심을 일깨웠다. 관원들이 매사에 조심하고 법을 어기지 않자 나라 전체가 평화로워졌다.

양광이 집념으로 태자 자리를 차지하다

수 문제는 장자 양용*을 태자로 삼고 차남 양광을 진왕에 봉했다. 양광은 양용을 대신해 태자 자리에 앉으려는 야심을 품고 있었다.

폐하께서 진왕을 태자로 삼게 하려면 한 가지 방법밖에 없습니다.

폐하가 엄처시하에 있다는 건 누구나 아는 사실입니다. 따라서 독고황후의 마음에 들면 태자가 될 희망이 생깁니다.

모후는 똑 부러지는 성격이라 설득하기 쉽지 않은데……

황후는 소실을 들인 남자를 가장 싫어합니다. 특히 본처보다 소실을 좋아하는 남자를요.

맞아!!

* 양용楊勇
수 문제의 장남. 태자에 책봉되었지만 양광의 계략에 넘어가 황후의 눈 밖에 났다가 폐위되었다.

양용은 본처보다 소실을 더 좋아해!

황후 앞에서 왕비와 정이 매우 깊다는 것을 드러내 보이십시오.

그렇게 하면 황후는 분명 진왕을 좋아하고 태자를 버릴 것입니다.

응응……

양광은 당장 독고황후에게 잘 보이기 위한 작전에 들어갔다.

광아, 오늘 무슨 일로 들른 게냐?

신의 비가 간식을 만들었는데 솜씨가 어떤지 모후께서 봐 주십시오.

알았다.

다정스럽기도 하지.

향기로운 게 맛도 좋겠구나.

너희 부부가 화목하고 며느리가 효성스러워 모후가 아주 기쁘구나!

당연한 것을 칭찬하시니 몸 둘 바를 모르겠습니다.

태자도 너를 닮으면 얼마나 좋을꼬.

형님이 잠깐 분별력을 잃고

몇몇 불여우에게 홀린 것뿐입니다.

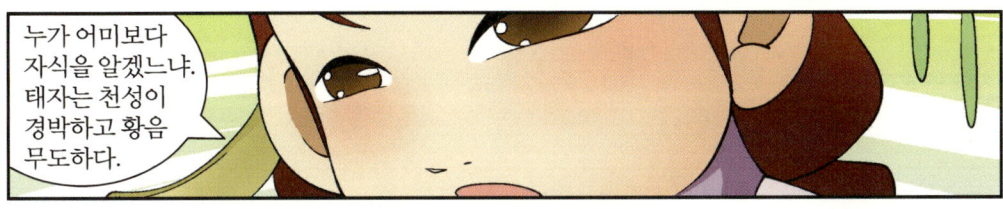

누가 어미보다 자식을 알겠느냐. 태자는 천성이 경박하고 황음무도하다.

태후마마, 태자비가 갑자기 병으로 숨을 거두었습니다!

뭐라고?

안 돼!

태자비는 나이도 어린데 갑자기 무슨 변고일까요?

이건......

태자가 태자비를 거추장스럽게 여겨 독살한 게 아닐까 싶다.

그럴 리가요? 형님은 그럴 사람이 아닙니다.

가엾게도…

미리 지레짐작 하지 마시고 형님에게 자초지종을 물으십시오.

오냐.

형님과 형수가 아무런 정도 없이 살아서 모후는 그를 보면 분명 크게 화를 내겠지?!

양용은 여색에 빠져 태자비가 죽은 줄도 모르고 있었다. 이로 인해 독고 황후에게 크게 꾸중을 들었다.

자기 부인이 죽었는데 소실과 정을 통할 궁리만 합니다. 어찌 이런 자식을 낳았 는지 모르겠어요.

폐하, 태자는 양심도 없습니다!

태자가 심하구려.

태자가 광이 반만 닮았어도 좋으련만.

태자는 정녕 황제의 재목이 아닌 건가?

하지만 양광이라고 행실이 바른 것은 아니었다. 그 역시 첩을 두고 음탕한 생활을 즐기기는 마찬가지였다. 다만 그는 성격이 교활해 황후에게 들키지 않았을 뿐이다.

임신한 소실과 하녀 모두에게 낙태약을 먹여라!

네?

그렇게 하면 몸이 상하실 텐데……

시끄럽다. 빨리 시키는 대로 해라!

나에게 정실 소생 아이만 있다고 알리면 모후의 신임을 받을 수 있다.

흐흐흐—

68

승상 고경이 줄곧 태자를 지지하여 내 계획에 위협이 되고 있다.

고 승상을 조정에서 쫓아 내면 되지 않습니까?

부황께서 고경 말이라면 무조건 신뢰해 좀처럼 쉽지가 않아.

황후가 나선다면 안 될 일이 어디 있겠습니까.

고 승상의 첩이 방금 아들을 낳았다고 합니다.

이 일을 황후에게 알리면 폐하 앞에서 그의 험담을 늘어놓을 것입니다.

좋은 방법이다!

독고황후는 그 사실을 알고
당장 수 문제에게 달려갔다.

고 승상이
본처가 죽었을
때 했던 말을
기억하세요?

자기 나이가
많아서 불경이나 외고
더 이상 남녀 사이의
일을 생각하지 않겠다며
후실을 맞지 않겠다고
했소.

다 새빨간
거짓말입
니다!

그의 후실이
방금 아들을
낳았습니다.

불경을 왼다는
둥하며 명백히
폐하를 기만한
것이라고요!

이후로 수 문제는 고경을
멀리하기 시작했고 얼마
후에는 고경을 서민으로
강등시켜 버렸다.

고 승상도 참.
굳이 이런 일을
속일 필요가
뭐 있다고.

이렇게 겉과
속이 다른 위선자
에게 속아서는
안 됩니다!

후궁들을
모두 바깥으로
내보내고

악기의 줄을
끊고 그 위에
먼지를 뿌려
놓아라!

예, 분부
대로 행하겠
습니다.

대왕, 왜
그러세요?

부황과 모후
께서 내일 왕부를
방문하신다기에
연극을 좀 꾸미려
하오.

그때 부인도
날 좀 도와
주시오.

좋아요.

진왕부

황제 폐하 납시오!

부황, 모후께 인사 올립니다!

부황, 모후께 인사 올립니다!

어서 일어나라!

진왕이 잘 해 주느냐?

항상 다정다감 합니다.

부인은 제게 깨물어도 아프지 않을 만큼 소중한 보물입니다.

너희 부부의 다 정한 모습을 보니 어미가 마음이 놓이는구나.

부황, 모후, 비웃지 말아 주십시오.

먼지가 많이 쌓였는데 얼마나 음악을 듣지 않았느냐?

저도 기억이 잘······

음악에 빠지지 않기란 쉽지 않은데, 대단하구나!

과찬이 십니다!

You win!

방 안으로 들어가 앉으시지요.

그러마.

폐하, 황후 마마, 차 대령했습니다.

광이는 참 검소하구려. 하녀들까지 거친 천으로 만든 옷을 입히다니.

그러네요.

광이를 보고 태자를 생각하면 화가 울컥 납니다!

조강지처 만세!

수나라의 미래를 위해 태자 폐위를 고려해야겠어.

이후 문제의 눈 밖에 난 양용이 역모에 연루되는 사건이 발생했다. 600년 11월, 양용이 태자에서 폐위되고 양광은 마침내 그토록 바라던 태자 자리에 올랐다.

수 양제의
대운하 건설

604년, 양광이 수 양제로 즉위했다. 그는 뛰어난 재주와 원대한 포부를 가졌지만 성격이 괴팍하고 백성을 아끼지 않았다.

뭐? 도성에 식량이 바닥났다고?

그리하옵니다, 폐하.

궁 안의 양식도 부족한데 어찌할까요?

구걸이라도 해야지.

전에 부황께서 도성의 백성을 이끌고 낙양으로 가 구걸했는데 나도 그 짝이 났구나.

그리해선 안 되십니다.

그럼 어쩌겠느냐? 도성의 백성을 굶겨 죽이란 말이냐?

역시 낙양이 최고야. 맛난 음식을 마음대로 먹을 수 있잖아.

어휴, 사흘은 굶은 것 같네.

냠냠 쩝쩝

사흘이 멀다 하고 낙양에 식량을 구걸하러 오느니 아예 돌아가지 말자.

우문개에게 낙양 북쪽에 새로 성 하나를 짓게 해야지.

도성에는 언제 돌아갈 생각이십니까?

왜 자꾸 재촉해!

양소, 도성에 돌아갔다가 또 식량이 떨어지면요?

그거야 어쩔 수 없는 일입니다.

폐하께서 가시는 곳이면 신하들도 가족을 거느리고 따라가야 합니다.

도성의 주민이 대부분 대신들의 가족인데 지금 전부 폐하를 따라 낙양에 왔습니다.

지금 낙양에 두 성의 주민이 거주하는 것이오?

예. 낙양의 식량도 한계가 있어 장기간 두 성 주민을 다 먹일 수는 없습니다.

도성의 기근 문제가 줄곧 부황을 괴롭혔는데 나 역시도 해결 방법을 찾지 못했으니……

먹고 사는 문제가 항상 큰일이로구나.

도성 주위의 땅이 척박해 식량 생산량이 매우 적습니다. 하지만 토지 문제를 해결할 방법이 없습니다.

좀 더 생각해 봅시다.

아, 머리야!

드디어 기근 문제를 해결할 방법을 찾았소.

양식을 많이 축적한다면 해결이 가능하오.

선제께서 살아계실 때도 그 방법을 썼지만 효과가 미미했습니다.

짐이 설명해 드리리다.

부황께서는 북방에서만 양식을 징발했소. 하지만 식량의 주 생산지는 바로 강남이오.

남방의 식량을 징발할 수 있다면 기근 문제는 저절로 해결되오.

하지만 남방과 북방은 거리가 너무 멉니다. 운송 도중에 일꾼과 말에게 들어가는 식량이 더 많을 겁니다.

수로를 이용한다면 그런 문제는 없을 거요.

수로~ 수로~♪

문제는 도성과 강남을 잇는 수로가 없다는 것입니다.

그거야 파면 되지 않소?

없으면 만들면 되지!

605년 봄, 수 양제는 황하를 관통해 회하에 이르는 통제거와, 회하에서 장강에 이르는 한구의 대운하 굴착 공사 명령을 내렸다.

79

아저씨들 나빠! 빨리 우리 엄마 놔줘!

애야, 따라 오지 마라!

내 아들을 끌고 갔으면 됐지, 며느리까지 데려가느냐!

천벌을 받을 놈들!

상부의 명령이라 어쩔 수 없습니다.

그야말로 주왕의 재림이로구나!

엄마~!

81

오늘 또 몇 명 죽어 나갔다는군.

우리는 흙을 운반해서 다행인데 운하를 파는 일꾼들은 너무 비참해.

종일 물속에 들어가 있어서 하체에 구더기까지 생겼어.

헉!

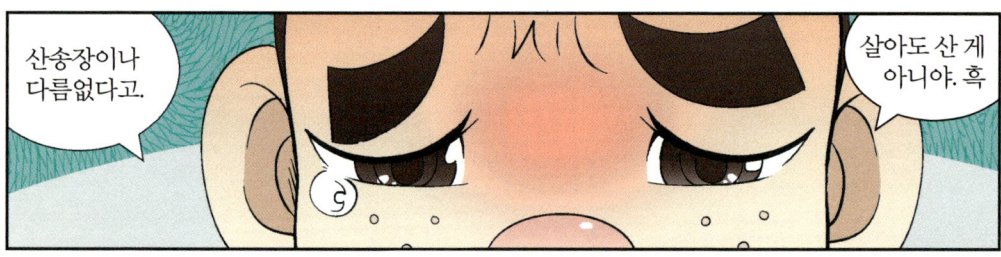

산송장이나 다름없다고.

살아도 산 게 아니야. 흑

진시황이 장성을 축조할 때도 여자는 징용하지 않았어!

이렇게 가다간 반드시 반란이 일어날 거야!

610년, 길이 2천 5백 킬로에 이르는 대운하가 완공됐다. 하지만 백성의 고통은 여기서 끝나지 않았다. 수 양제는 강남 지방 통제를 강화하기 위해 수행원 20만 명을 이끌고 강도로 순행을 나갔다.

이번 강도 순행은 운하 완공 상황을 점검하는 한편 강남 사족들을 위무하기 위한 것이오.

물론이오. 그래야 강남 인사들을 회유하기 더 쉽지.

그럼 진 후주의 미망인도 함께 데려가십시오.

이번에 강남에 가면 즐겁게 놀아봅시다!

신난다!

사족을 위무하는 건 핑계고 놀러가는 게 목적이야.

아… 수나라의 미래는 어떻게 될 것인가!

강도에 오니 시흥이 절로 이는구려!

천리나 이어진 배들을 강물에 띄워 옛 도성 양주로 돌아왔네. 양주가 어디인지 묻노니 회수 남쪽, 장강 북쪽, 바다의 서쪽 끝 이라네.

말을 묶어 두고 용선을 타며 잠시 산을 오르지 않고 뱃노래를 부르니, 강동 손바닥만 한 땅을 노래함은 홀로 선경仙境 속의 여행이라 이를 만하네.

캬아—

멋진 시입니다!

아이고!

배가 왜 이렇게 흔들리지?

인부들이 배를 잘 끌고 있는지 빨리 확인해 봐라!

신이 가 보겠습니다.

으샤!

으샤!

이놈들, 감히 폐하를 놀라게 하다니!

촤악—

저놈을 끌어내 죽도록 매질을 하여라!

살려 주십시오!

운하 굴착은 좋은 일이지만 폐하께서는 눈앞의 성공과 이익에 너무 급급 하십니다.

한참 즐거운데 왜 흥을 깨시오.

통제거 옆에서 죽은 인부만 250만입니다.

양쪽 기슭에 쌓인 백골은 지금도 다 치우지 못하고 있습니다.

백성이 모두 운하 공사에 동원돼 밭갈 사람이 없어 식량도 모자란데 올해 흉년까지 들어 백성은 곧 굶어 죽을 지경입니다.

시끄러워.

됐으니 그만해라! 아주 흥을 망치는구나!

쾅!

여봐라, 저놈을 끌고 가 매질해 죽여라!

예!

만리장성과 함께 중국의 양대 불가사의한 공사로 불리는 대운하는 남방의 경제발전을 촉진하여 장강 중·하류 지역에 공전의 번영을 가져다주었다.

그러나 수 양제는 눈앞의 이익과 향락만을 좇다가 백성들의 큰 불만을 사 결국 각지에서 대규모 농민 봉기가 잇달아 발발했다.

이밀이 이끄는 와강군의 봉기

적양翟讓은 와강 영채에서 농민 기의군을 조직해 수나라 반대 깃발을 높이 들었다.

와강군瓦崗軍은 변하가 흐르는 형양, 양군 등지에 여러 거점을 설치한 후 지나가는 선박을 약탈해 명성을 크게 떨쳤다.

적 두령님, 소개해 드릴 사람이 있습니다.

이쪽은 포산군공 이관의 아들 이밀로 모반죄를 범해 현재 지명수배 중입니다.

도망가던 도중에 왕백당 형님을 만났는데 여기로 가 보라고 하더군요.

백당이 소개한 사람이니 받아 들여야죠.

폐를 좀 끼치겠습니다!

기꺼이—

적 두령, 우리도 충분한 실력을 갖췄으니 천하를 도모하심이 어떨까요?

처…천하요?!

보통 인물은 아니라 생각했지만……

내가 어찌 감히 천하를 다투겠소. 난 이 지역에 웅거하는 것으로 만족하오!

대장부가 뜻을 세웠으면 포부도 원대하게 가져야지!

이런 작자를 따랐다간 큰일을 이루기 어렵다. 차라리 내가 저 자리를 대신하자.

가웅, 내가 왕을 칭하는 것이 길한지 흉한지 점을 한 번 쳐 주시오.

예!

적양은 세력이 크게 불어나자 왕을 칭하고 싶은 욕심이 생겼다.

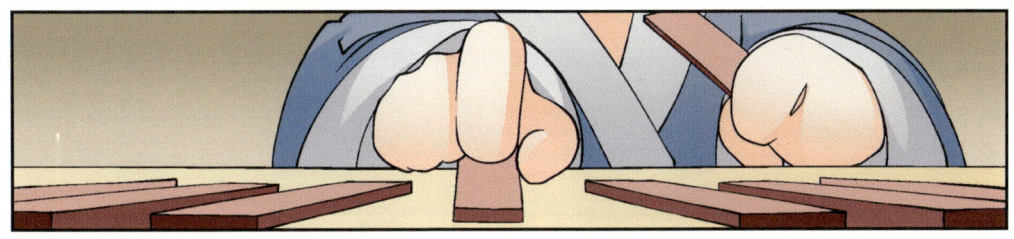

두령님이 왕을 칭하면 크게 불길합니다.

앗!

왜 그리 시오?

그럼 영채 내에서 누가 왕에 가장 잘 어울리는지도 봐 주시오.

점괘가 나왔습니다.

영채 내에서 이밀만이 왕을 칭할 수 있다고? 그게 어떻게 가능하지?

이밀이 왕을 칭해도 된다면 왜 자립하지 않고 먼 와강까지 와서 내 부하 노릇을 한단 말이오?

두령님은 하나만 알고 둘은 모르십니다.

불쾌해.

두령님의 성은 적翟이고 이밀은 포蒲산군공의 아들입니다.

'적'은 강이라는 의미고 '부들'은 강에서만 자랄 수 있습니다.

그대의 말은 이밀이 나와 함께 해야만 왕을 칭할 수 있다는 것이오?

바로 그렇습니다!

그럼 이밀을 대왕으로 추대해야 하나?

적양의 책사인 가웅은 사실 이밀과 깊이 교류하고 있었다. 이에 이밀이 왕에 오를 수 있도록 도움을 준 것이었다.

설사 적양이 양보한다 해도 와강 영채의 다른 형제들이 불복할까 걱정이오.

영채의 형제들은 거친 사람들입니다. 그들의 지지를 얻으려면 실력을 보여 줘야 합니다.

힘으로 겨루면 내가 어찌 그들을 당해 내겠소?

지혜로 굴복시키면 되지 않습니까?

영채에 항상 식량이 모자라는데 이 문제만 해결된다면 그들도 복종할 것입니다.

가웅, 내 한번 노력해 보리다!

적 두령, 낙구창은 전국 최대의 곡식 저장 창고니 그곳만 점령 하면 형제들의 식량 문제가 해결 됩니다.

식량 문제만 해결된다면 더 바랄 것이 없소!

형양은 낙구창 으로 통하는 길목 이라 먼저 형양을 꼭 점령해야 합니다.

좋소. 그럼 내일 형양을 공격합시다!

너무 튀면 황제가 진압하려 많은 군사를 보낼 텐데.

수 양제는 형양태수의 보고를 받고 장수타를 보내 반란군을 진압하도록 명했다.

이밀, 네놈이 와강 영채에 숨어 있었구나!

장수타는 수나라 최고의 명장이라 조심해서 응전 해야 한다.

돌격 하라!

와

이밀, 멈추시오. 두령님께서 철군을 명하셨소!

뭐라고?

이제 막 개전했는데 무슨 철군이란 말이냐!

두령님이 관군이 우리보다 강해 보인다고 철군하는 게 낫다고 합니다.

적양은 장수감이 아니야. 그의 말을 들었다간 대사를 그르칠지도 몰라.

돌아가서 절대 철군하지 않겠다고 전해라!

네?

슝—

으악!

수나라 대장 장수타가 죽었다. 승세를 타서 추격하라!

이밀은 형양 전투에서 대승을 거두고 낙구창을 손에 넣었다. 이 승리로 이밀의 명성은 크게 높아졌다.

정말 대단하오. 이렇게 빨리 형양을 점령하고 낙구창을 손에 넣다니.

적 두령, 당신은 전투에 임해 도망갈 궁리만 했잖아!

참, 낙구창의 식량으로 와강 형제들이 몇 년이나 먹을 수 있소?

10년을 배불리 먹고도 남을 것입니다.

??

!!

우리는 그렇게 많이 필요 없으니 창고를 열어 굶주린 백성을 구제하십시오.

좋은 생각이오!

와강군이 낙구창을 점령해 창고를 개방했으니 다들 식량을 받으러 오시오!

창고 개방

둥

둥

둥

와강군은 정말 좋은 사람들이야!

맞아!

관병은 우리를 수탈하러만 오지 구제해 준 적이 한 번도 없었어!

와강군이 관병보다 훨씬 낫다고!

아무렴~

집에 가서 큰 자루를 가져와야지!

서두르자!

96

우리가 창고를 연 이후로 와강군에 가담하는 젊은이가 갈수록 늘어나고 있소.

젊은이들이 많아질수록 우리의 전력도 더 높아질 것입니다.

이게 다 그대의 공로요.

그래서 내가 기쁜 소식을 하나 전해주려 하오.

일부 와강군을 뽑아서 포산공 영채에 편입시키고 그대가 통솔하시오!

최선을 다하겠습니다.

하지만 이밀의 세력이 커지자 적양의 부하들이 노골적으로 불만을 드러내기 시작했다.

두령님 영채 병사들이 또 우리를 괴롭힙니다!

이밀, 언제 두령을 찾아가서 얘기 좀 해 주게.

그곳 병사들에게 우릴 그만 괴롭히라고 말이야!

서세적

그런 사소한 일로 두령을 귀찮게 하기 싫어. 그냥 넘어가라고.

욕하거나 때려도 맞상대하지 말고 참을 수 있는 데까지 참으라고 전해라!

그건······

이밀이 점점 와강군 내에서 명망을 얻자 적양은 자신의 실력이 이밀보다 못함을 알고 두령 자리를 이밀에게 양보했다.

이밀은 주군 자리에 올라 위공이라 칭했다. 그의 지휘 아래 와강군은 수나라 반대 집단 중 가장 실력이 막강해졌다.

이연이 태원에서 반란을 일으키다

진양궁은 수 양제가 태원에 마련한 행궁*인데 전란으로 인해 거의 찾지 않았다. 이에 궁전을 지키는 배적은 날마다 친구인 이연을 초대해 술을 마시며 놀았다.

이연, 들게나!

술맛이 끝내주는구먼!

당연하지. 이건 황제가 마시는 술이라고.

술 한 잔에 모든 근심이 사라지는구나!

* 행궁行宮
왕이 궁 밖으로 행차할 때 임시로 머무르던 별궁.

자네 무슨 걱정이라도 있나?

웬 근심?

병을 핑계로 폐하를 알현하지 않았는데, 폐하가 주위 사람들에게 내가 병으로 죽길 바란다고 말했다더군.

자네가 황상의 외종사촌이기 망정이지 아니었으면 벌써 참형을 당했을 거야!

뭐라고?

지금 시중에 이씨 성을 가진 자가 황제가 된다는 동요가 떠돌고 있다네.

폐하가 이 동요를 듣고 이씨를 모두 죽이려 하고 있어.

며칠 전에는 이혼 일가를 모두 죽이라고 명했다더군.

앗! 그럼 나도 위험하잖아!

어떡하지? 내 목숨이 경각에 달린 줄도 모르고 태평하게 있었으니.

이후 이연은 화를 피하기 위해 매일 술독에 빠져 살았다.

모든 악 중에서 방종이 첫째고, 술은 죄 중에 으뜸이네.

홍얼홍얼

헤롱 헤롱

酒

보세요. 대인께서 또 술에 취하셨어요.

휴!

폐하의 의심을 피하려고 아버지가 스스로를 망가뜨리고 있어.

요즘 도박과 여자에도 빠져서 사람들이 얼마나 수군대는데요.

헤롱 헤롱

윽— 술냄새!

진양궁

세민아, 네가 졌다!

헤헤

아저씨, 전 작은 도박에 졌을 뿐이에요.

작은 도박을 졌는데 큰 도박을 이길 수 있느냐?

무슨 말인지 모르시는 군요.

자신

만만

작은 도박은 금은보화를 걸지만 큰 도박은 만리 강산을 걸지요!

큰 도박을 이기면 우리 자손은 영원히 부귀영화를 누릴 수 있어요.

태원은 천하의 정예병이 모인 곳이고, 장수들은 폐하의 악행에 불만이 매우 커요.

우리가 반란의 깃발을 들면 그들은 틀림없이 우리를 따를 거예요.

어린 줄만 알았던 세민이가 이런 큰 꿈을 갖고 있다니!

호오~

아저씨, 이 도박에 관심 있으신가요?

좋다, 세민아. 난 네가 강산을 차지한다는 데 걸겠다!

절 믿어 주셔서 고맙습니다.

하지만 아버지가 분명 반대하실 거예요.

이연은 태원 유수인데다 폐하의 사촌이라 당연히 찬성하지 않을 거다.

어떻게 하면 아버지를 설득 할 수 있을 까요?

내게 좋은 방법이 있다.

아이고, 머리야!

대인, 깨셨어요!

가까이 오지 마라! 무슨 짓이냐?

별일 아닌 일에 왜 그렇게 놀라세요. 저흰 배적 어른의 분부에 따랐을 뿐이에요.

폐하의 궁녀를 건드리면 목이 달아난다고!

뭐가 두려우세요? 대인이 지금 누워 있는 곳도 용상인데요.

뭐?

안 그래도 지금 목숨이 간당간당 하는 판에……

106

저벅 저벅

왜 더 안 자고 벌써 나왔나?

네가 날 죽이려고 작정했구나!

용상에서 하룻밤 잔 게 무슨 대수라고.

그건 목이 달아날 대죄란 말일세!

죽기 싫음 반란을 일으키든가.

대인, 돌궐이 쳐들어와서 속히 구원병을 보내야 하는 상황입니다!

기다리게. 갔다 와서 다시 얘기하자고!

친구가 아니라 웬수야, 웬수!

107

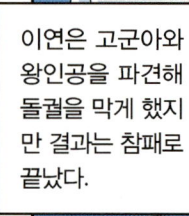

이연은 고군아와 왕인공을 파견해 돌궐을 막게 했지만 결과는 참패로 끝났다.

아버지, 전쟁에서 패하면 목이 달아난다고요!

아직은 아니잖아요.

맞다. 내 목은 조만간 떨어질 거다.

지금 천하가 어지럽고 폐하는 황음무도하니 차라리 반란을 일으키십시오!

나쁜 놈 같으니, 네놈도 그 말이냐!

전 다만 지금 형세를 분석한 것뿐이에요.

시침 뚝!

네 형 건성 등이 외지에 있어서 내가 반란을 일으키면 그들은 꼼짝없이 죽게 된다. 왜 네 형제자매들은 걱정하지 않는 것이냐!

108

이연은 답답한 마음에 결국 친구인 배적을 찾아갔다.

또 무슨 골치 아픈 일이 있는가?

세민이처럼 인정머리 없는 놈을 낳아서 그러네!

왜? 세민이 정도면 아주 착한 아이지.

자네가 용상에서 잤던 일로 문초당할까 염려해

자네를 보호 하려고 몰래 군사를 모집해 반란의 깃발을 들려는 아이 아닌가.

탁—

이놈이 약을 잘못 먹었나 툭 하면 반란 생각이나 하고!

그리고 자네, 그날 일부러 날 용상에 재웠지? 세민이와 한통속이 돼서 날 음해하려는 게 분명해!

크크……

버럭—

지금 태원성 사람들은 자네와 함께 반란을 일으키고 싶어 하네.

아, 이제 끝장이다.

배적, 제발 농이었다고 말해 주게.

더는 빠져 나갈 구멍이 없으니 갈 데까지 가 보자.

휴…

617년 5월, 이연은 태원에서 정식으로 반란의 깃발을 들었다. 그리고 외지에 있는 아들, 딸들에게 속히 태원으로 돌아오라고 통지했다.

李

수 양제가 강도에서 목매달아 죽다

수나라 말기 세상이 혼란에 빠지자 군웅이 천하를 다투었다. 이밀의 와강군은 중원에서 군림하고, 이연은 태원에서 기병해 관중을 점거했다. 수 양제는 난국을 타개할 방법이 없자 남쪽 강도로 달아나 난을 피했다.

짐이 뜻밖에 돌아갈 집이 없는 곤경에 처했소.

황상, 너무 괴로워하지 마세요. 모두 다 잘 풀릴 거예요.

소씨

황후, 위로의 말은 필요 없소.

황상……

돌아가려해도 돌아갈 곳 없으니, 진정 봄을 맞은 건가. 새소리는 다투어 술을 권하고, 매화는 사람을 비웃네.

꽈당~

황상!

쿨쿨쿨~

아, 너무 많이 드셨어.

폐하, 저희가 노래 불러 드릴게요!

불러 봐라!

와도 죽고 가도 죽으니, 배를 타고 강을 건너느니만 못 하네!

맞은편은 어디냐?

단양이요!

단양은
동진의 도성
건강이잖아?

바닥이 찹니다.
침상에 가서
누우세요.

방금 꿈을 꿨는데
아이들이 단양으로
천도해야 살 수
있다고 말했소!

네?

그래,
천도만이
살길이야.

내일 군신들을
소집해 천도
문제를 논의
해야겠소!

천도는 옳지
않습니다!

천도가 옳지
않다고?

폐하를 따라 강도로 온 금위군은 모두 북방 관중 사람입니다.

천도를 하면 그들은 고향으로 돌아갈 수 없어 폐하께 원망을 품고 반란을 일으킬지도 모릅니다.

배세구 대인의 말이 맞습니다.

강남은 날씨가 음산하고 지세가 험난하여 사람이 살 곳이 아닙니다.

이동객, 강남이 사람 살 곳이 아니라면 지금 강남 백성들은 모두 귀신이란 말이냐?

그건……

그대들은 짐의 천도를 막기 위해 억지 이유를 갖다 붙이고 있다!

짐은 이미 천도하기로 마음 먹었으니 아무 말 말라!

다시 한 번 생각해 주십시오!

수나라 군영

사마덕감*, 술이나 한 잔 하자고 나와 배건통을 찾아 온 건 아닐 테고……

원례, 솔직히 말해서 골치 아픈 일을 만났네.

폐하가 단양 천도를 결정하고 나서 금위군 병사들이 계속 달아나고 있네.

단양으로 천도 하면 고향으로 돌아가지 못하고 평생 타지에서 살아야 하잖나.

그렇지.

그렇긴 하지만 폐하가 이 사실을 알면 금위군 대장인 내 목은 달아나 버린 다고!

정말

안 되었군.

* 사마덕감司馬德戡
수나라 말기 배건통 등과 반란을 일으켜 수 양제를 죽였으나 반란군 내의 갈등으로 살해됨.

그 말을 들으니 정말 걱정되는군.

우리가 이 난관에서 벗어날 방법을 꼭 찾아보겠네.

이 일 말고 또 한 가지 난처한 일이 있네.

또 무슨 일인가?

이연이 태원에서 기병하자 화음을 지키던 이효상이 성을 열고 투항했는데

폐하가 크게 노해 이효상의 두 동생을 죽이려 하고 있어.

만일 관중을 지키는 우리 친족이 이효상처럼 이연에게 항복하면……

그럼 큰일이잖아!

우리도 도망가는 게 낫겠어.

그렇게 하자고!

이에 장수들은 금위군 주도로 매일 모여 도망 갈 계획을 꾸몄다.

양사람, 멈춰라!

외삼촌!

요즘 날마다 일찍 나가서 늦게 들어오는데 나쁜 친구들과 어울리는 거냐?

우문지급*

그럴 리가요. 몇몇 친구와 사마덕감 대인 집에서 놀고 있어요.

날 세 살 먹은 어린애 취급 하는 거냐!

* 우문지급宇文智及
  중국 수나라 때 고구려를 쳐들어온 우문술宇文述의 아들.

사실 다들 모여서
도망갈 방법을
연구하고 있어요.

도망을 모의
중인 사람은 모두
금위군 장수와
병사야.

저들을 선동해
폐하를 죽이면 천하는
우리 우문씨 집안
차지가 된다!

이 일을
폐하께서 아시면
너희는 목숨을 보전
할 수 없다.

차라리 모두
힘을 합쳐 폐하를
죽이면 영원히
편해지지 않겠
느냐?

내일 내가 네
동료들을 만나
설득해 보겠다!

우문지급의 권유로 사마덕감 등은 정변을 일으키기로 결정했다. 우문지급의 형인 허국공 우문화급 宇文化及이 정변의 총책임자를 맡았다.

짐의 목이 떨어질 날이 이제 머지않은 듯하오.

그런 불길한 일은 생각하지 마세요.

콩—

영호달, 무례하게 무슨 짓이냐?

모두 고향이 그리워서 폐하께 장안으로 돌아가자고 청하러 왔습니다.

휴, 그럼 돌아가자. 짐도 너희를 따르겠다.

잘 결정하셨습니다!

배 대인, 제가 폐하를 모시고 왔습니다.

폐하께서는 조당에 가셔서 문무백관과 얘기를 나누시죠.

알았네.

아, 이젠 끝장이로구나!

까악─
깍

허국공, 폐하를 모셔 왔습니다.

포악한 황제는 오늘로 끝장 이다!

여봐라, 이 대역 죄인을 끌고 가 죽여라!

우문화급, 내가 무슨 죄를 지었다고 이러느냐?

잠시 멈춰라.

마문거, 네가 그의 죄상을 낱낱이 읽어 줘라!

예!

폐하가 밖으로 전쟁을 일삼고 안으로는 사치가 극에 달해 남자는 전장에서 죽고 부녀자는 시체를 찾아 헤매며……

백성이 사방을 떠돌고 도적이 창궐하며 간신이 득세하고 과실을 덮으려 한 죄 등 셀 수 없이 많소이다!

글썽~

내 확실히 백성을 저버렸구나! 천자에게는 천자의 죽음이 있으니 온전히 죽을 수 있도록 해 달라!

좋소, 그렇게 하시오!

618년, 수 양제 양광이 강도에서 흰 비단으로 목매 죽음으로써 수나라도 함께 멸망했다.

122

당 上

땅上

唐

인물 소개

이세민李世民

당 태종. 당의 2대 황제로 유능한 정치가이자 군사가, 서예가, 시인이다. 역사적으로 유명한 '정관貞觀의 치'를 열었다.

이건성李建成

당 고종 이연李淵의 장자로 동생 이세민에게 현무문玄武門에서 피살되었다. 역사에서는 이를 '현무문의 변'이라 부른다.

이원길李元吉

이연의 넷째 아들. 현무문의 변에서 건성과 함께 살해되었다.

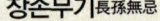

울지경덕尉遲敬德

당의 명장으로 능연각凌煙閣 24공신 중 한 명이다. 현무문의 변 때 이원길을 죽였다.

장손무기長孫無忌

조상은 선비족 탁발씨拓跋氏로 북위 왕족의 방계이다. 후에 성을 장손씨로 바꾸었다. 당의 개국공신이며 큰 공을 세워 제국공齊國公에 봉해졌다가 이후 조국공趙國公으로 옮겼다.

왕세충王世充

수나라의 강도군승을 지냈다. 수 양제가 시해되자 월왕越王 양동楊侗을 황제로 삼고 전권을 휘둘렀다. 이후 양동을 폐하고 스스로 황제에 올라 정鄭나라를 세우고 연호를 개명開明이라고 했으나 나중에 당에 항복했다.

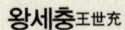

위징魏徵

당의 정치가로 간의대부, 좌광록대부를 역임하고 정국공鄭國公에 봉해졌다. 중국 역사상 직언을 서슴지 않기로 가장 유명한 인물이다.

두여회杜如晦

당 초기의 대신. 이세민이 정권을 탈취하고 '정관의 치'를 열 때 크게 활약하여 이세민의 깊은 신임을 받았다.

현장玄奘

당의 유명한 삼장법사三藏法師로 중국에 전해진 불교 경전을 번역하는 데 큰 공을 세웠다. 중국 유식종(唯識宗, 법상종法相宗)의 창시자이다. 유명한 고전소설 『서유기西遊記』의 주인공인 당승의 모델이기도 하다.

이정李靖

문무를 겸비한 당 초기의 유명한 군사가. 후에 위국공衛國公에 봉해져 대대로 이위공李衛公이라고 불린다.

배적裴寂

당 초기의 대신. 건국 후 상서복야를 역임했으며 이연의 큰 신임을 받았다.

손사막孫思邈

유명한 의사이자 도사. 중국은 물론 세계적으로 유명한 의학자 겸 약물학자이다. 후세에 '약왕藥王', '의신醫神' 으로 추앙받고 있다.

시대별지도
-당唐

말갈靺鞨

동돌궐東突厥

서돌궐西突厥

범양范陽

상산常山
태원太原

당唐   장원長垣
동관潼關   낙양洛陽
⊙장안長安   수양睢陽
마외파馬嵬坡   채주蔡州

토번吐蕃(티베트)   항주杭州

복주福州

광주廣州

이세민이 왕세충을 격파하다

618년, 이연이 황제에 올라 국호를 당_唐이라 정하고 둘째 아들 이세민을 진왕_{秦王}에 봉했다. 이듬해에는 왕세충이 낙양에서 스스로 황제에 올라 정_鄭나라를 수립했다.

천하를 얻기 위해 이연은 이세민을 보내 왕세충을 토벌하도록 했고 양측은 낙양에서 진을 치고 대결을 벌였다.

돌격하라!

진왕은 멈추시오!

진경, 지금 대체 무슨 꿍꿍이냐?

제가 투항하면 절 죽이시겠습니까?

당연히 아니다. 자네의 재능이라면 당장 부장에 임명할 것이다!

그 말을 들으니 마음이 놓입니다.

저희도 모두 투항하겠습니다!

저 진경 진왕께 투항합니다!

이 정지절도 투항합니다!

싸우지도 않고 투항하다니, 무슨 속임수가 있는 건 아닐까?

희한하네.

무기를 버리고 가겠습니다. 저희의 진심을 믿어 주십시오.

좋다! 이번 한 번은 너희들을 믿겠다!

이세민 군영

갑자기 나에게 항복한 이유가 무엇이냐?

Why~?

왕세충 같은 무당과는 일을 도모할 수 없기 때문입니다!

일이 있을 때마다 점을 치고는 넋 나간 소리만 늘어놓는데 지쳤다고요!

우리가 그의 결정에 반대하면 신선에게 대항하는 것이랍니다.

장수들이 공을 세워도 상을 내리기는커녕 칭찬 한마디 없습니다.

게다가 자질구레한 일까지 모두 간섭해 미칠 지경입니다!

더 이상은 못 참겠어요!

다시는 왕세충의 얼굴을 보고 싶지 않다고요!

마음 놓아라. 여기서는 절대 그럴 일이 없을 것이다.

진왕께서 병사를 자식처럼 아낀다는 말을 듣고 이렇게 찾아 온 것입니다.

맞습니다!

왕세충이 인심을 잃었으니 그를 잡는 건 시간 문제다.

기세가 오른 이세민은 대군을 이끌고 왕세충을 공격했는데……

왕세충, 너의 제삿날이 다가왔다!

와―

132

양군은 치열한 접전을 벌였지만 이세민은 백전노장 왕세충의 적수가 아니었다.

이세민 군영

부우~

적을 너무 얕잡아 봤다가 참패를 당했어.

젠장―

너무 자책 하지 마십시오. 다음 전투에서는 꼭 승리할 것 입니다!

진왕께서 직접 적의 후방을 끊어 전군이 무사히 돌 아오게 한 것만도 대단하십니다.

당장 새로 병력을 배치 할 것이다!

사만보는 용문을 공략하고, 유덕위는 하내를 포위 공격하며, 왕군곽은 낙구창의 보급로를 끊어라!

나머지는 북망산에 주둔 하며 지시를 기다려라!

예!

134

왕세충 군영

큰일 났습니다!

사만보가 용문을 점령하고 유덕위가 하내를 포위했으며 왕군곽이 낙구창을 점거했습니다.

뭐라고?

현주를 제외한 낙양 주위가 모두 이세민의 손에 들어가다니.

털썩

현주총관인 전찬이 이세민에게 항복했습니다!

헉!

이세민은 만만히 볼 상대가 아니었어. 그를 없애지 못하면 내 미래도 없다!

죽었으!

현주가 없으면 낙양이 고립되는데 어쩌면 좋단 말이냐?

북망산

올지경덕, 앞이 바로 북위 선무제의 능묘네.

이곳은 지세가 험준하여 매복하기 딱 좋은 지형입니다.

이곳에 매복하면 귀신도 속일 수 있겠는걸.

불길—

흐흐, 내가 확실히 귀신도 속였구나!

鄭

왕세충?

이세민, 여기가 네 무덤이다!

큰일이다. 적과 싸우기엔 군사가 모자라!

136

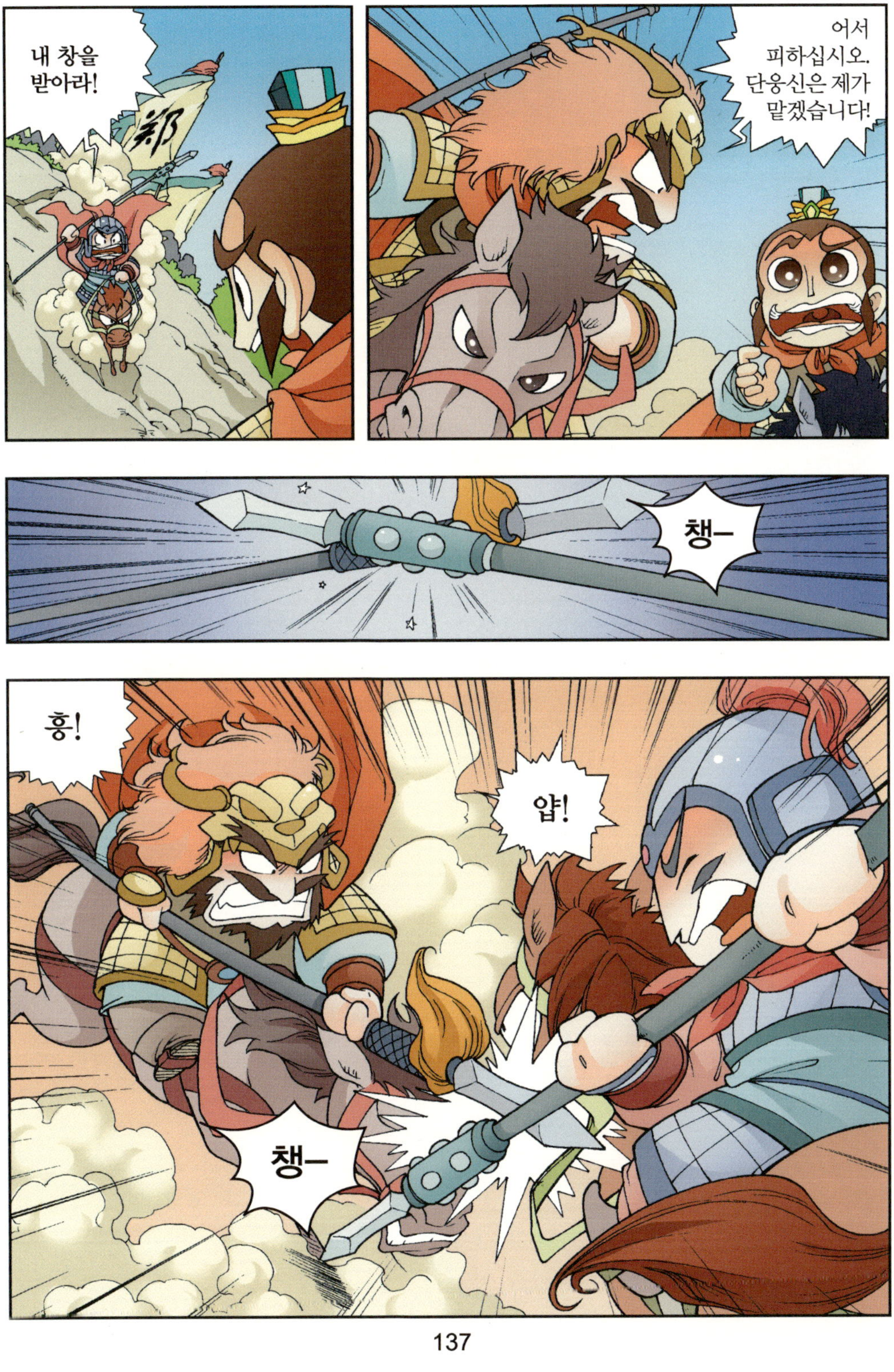

으악!

지체할 시간이 없습니다. 빨리 달아나십시오!

아니, 자네들만 두고 갈 순 없네.

울지경덕, 대단했어!

멋져—

이곳은 제가 책임질 테니 빨리 구원병을 청하십시오.

원군이 오지 않으면 모두 죽습니다!

빨리—

굴돌통의 군대가 부근에 주둔하고 있어서 이미 사람을 보냈네.

잘하셨습니다.

원군이 곧 도착하니 다들 조금만 더 버텨라!

진왕, 제가 왔습니다!

굴돌통이 드디어 왔구나!

Hey~

왕세충은 절대 참패했다고 생각하지 않을 것입니다.

이번 전투에서 적군 3천여 명을 섬멸하고 6천여 명을 포로로 잡았다!

그대가 아니었다면 난 이미 단웅신의 창에 저세상으로 갔을 것이네.

고맙네!

진왕께서 우리를 자식처럼 아끼시니 목숨을 내놓고 싸우는 것입니다.

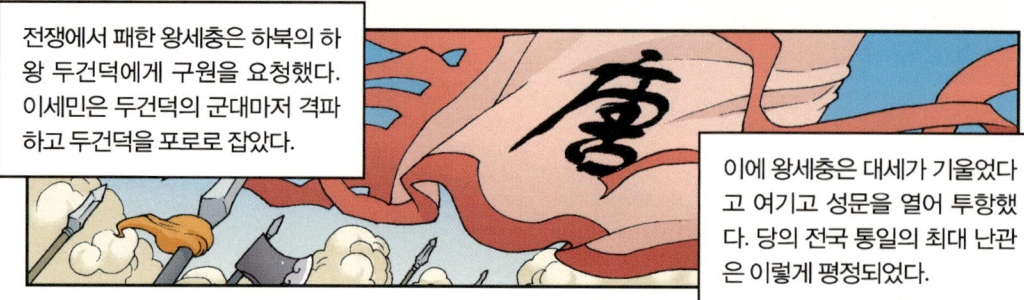

전쟁에서 패한 왕세충은 하북의 하왕 두건덕에게 구원을 요청했다. 이세민은 두건덕의 군대마저 격파하고 두건덕을 포로로 잡았다.

이에 왕세충은 대세가 기울었다고 여기고 성문을 열어 투항했다. 당의 전국 통일의 최대 난관은 이렇게 평정되었다.

왕위 쟁탈, 현무문의 변 上

624년, 당은 모든 반란 세력을 물리치고 돌궐을 만리장성 이북으로 몰아내면서 전국을 통일했다.
진왕 이세민은 천하통일 과정에서 혁혁한 공을 세웠는데 이에 불안감을 느낀 태자 이건성과 제왕齊王 이원길은 이세민을 제거하기로 마음먹었다.

아우, 들게나.

형님도 드시죠.

그 독주를 마시고 빨리 염라대왕에게나 가거라!

쨍그랑~

악!

세민아,
왜 그러느냐?

삼촌,
배가 너무
아파서……

으악

여봐라,
당장 태의를
불러 와라!

태자는 걱정도
안 되는가? 아우를
구할 마음이 없는
것이냐?

아니……
절대 아닙
니다!

회안왕 이신통

세민아, 몸은 좀 괜찮느냐?

부황, 어제 형님이 마련한 연회에 참석해 술을 마시다가 갑자기 피를 토했습니다.

너는 몸조리나 잘 해라. 짐이 사건의 진상을 철저히 조사하겠다.

꼭 그리해 주십시오.

너희가 물과 불처럼 서로를 용납하지 못하니 이렇게 가다간 큰일이다.

아예 네가 낙양으로 가서 동쪽의 천자가 되는 건 어떠하냐?

형님이 절 독살하려는 의심이 들긴 하는데……

뭐?

그런 말씀 마십시오. 한 나라에 천자가 둘이라니요?

그렇게라도 해야지. 짐은 자식들의 골육상잔을 눈 뜨고 볼 수 없구나.

이건성은 이세민을 독살하려던 계획이 실패하자 다른 방법을 강구했다. 그는 이연의 애첩들을 매수하여 이연 앞에서 이세민을 험담해 진왕 자리에서 쫓아낼 계획을 세웠다.

폐하, 어제 진왕의 부하가 신첩의 부친을 능욕했습니다.

저번에는 진왕이 저더러 폐하를 꾀는 구미호라고 욕했다고요!

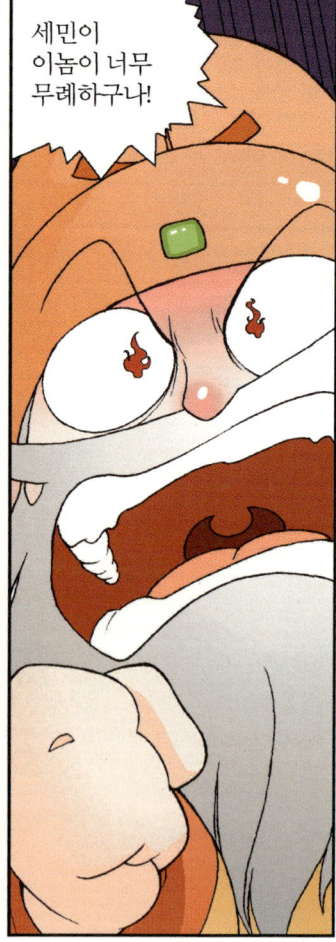

세민이 이놈이 너무 무례하구나!

엉엉

엉엉

이 일을 가만두고 보시겠어요?

이연은 즉시 대신들을 조정으로 소집했다.

재상, 진왕에게 그의 왕위를 폐한다고 알려라!

엥?

진왕을 낙양으로 보낸 다고 하셨잖습니까?

괘씸한 놈!

생각이 바뀌었다!

송구하지만 진왕을 절대 폐해서는 안 됩니다.

진왕은 성정이 강직하여 이 사실을 알면 격분할 것이 분명합니다.

재상 진숙달

만일 그가 반란 이라도 일으키면 상상조차 할 수 없는 일이 벌어 집니다.

듣고 보니 그렇군.

145

그럼 아예 진왕을 없애 버리십시오!

제왕 이원길

제왕, 그게 무슨 말이오! 진왕은 그대의 친형 아닙니까?

No! No!

세민은 천하 평정에 탁월한 공을 세웠다. 지금 죄명도 확실치 않은데 함부로 죽여서야 되겠느냐?

먼저 손을 쓰지 않으면 나중에 재앙이 닥친다고요!

큰일 났습니다. 돌궐이 국경을 침범해 들어옵니다!

제가 군대를 이끌고 가 돌궐을 막겠습니다.

좋다. 이번 전투는 네게 맡기겠다.

146

이원길은 이건성을 집으로 불러 이세민의 병권을 빼앗을 계략을 모의했다.

물론, 진왕부도 그중 하나고요.

그래서 출정하는 장수에게 각 군부의 장교와 사병을 차출할 권리를 주는 겁니다.

형님, 이번에 서위의 병부제에 따라 전국의 군대를 6개 군부로 나누는 겁니다.

돌궐 토벌을 빌미로 진왕부의 정예병을 차출할 계획인 거냐?

맞습니다!

진왕부의 정예병을 차출하면 둘째형의 군사력은 크게 약해집니다.

이빨 빠진 호랑이야 때를 봐서 죽여 버리면 그만입니다.

슬금 슬금

진왕부

소인이 제왕부에서 들은 바로는 ......

태자와 제왕이 실로 사악하구나! 진왕, 앉아서 죽음을 기다릴 순 없습니다!

울지경덕의 말이 옳습니다. 우리도 대비책을 세워야 합니다.

장손무기, 그럼 어찌해야 하겠소?

우리가 선수를 쳐서 태자와 제왕을 죽이고 후환을 없애야 합니다!

148

하지만 골육상잔은 후대에 비난받을 일인데……

그들이 진왕을 해치려 하면서 그런 걸 따졌을까요?

며칠 전 태자와 제왕이 모사 방현령*과 두여회를 진왕부에서 쫓아냈습니다.

또 울지경덕과 정지절도 제왕에게 휘하로 들어오라는 회유를 받았습니다.

진왕께서 주저하신다면 전 관직을 버리고 떠나겠습니다!

저도 정지절의 생각과 같습니다!

좋다! 형님과 아우를 없애기로 하자!

경덕은 방현령과 두여회를 불러 계책을 수립하도록 하라!

예!

* 방현령房玄齡
태종 때의 재상. 두여회와 함께 태송의 '정관의 치'를 주도했다.

방현령과 두여회가 폐하의 명이 없이는 진왕부에 한 발짝도 들이지 않겠답니다.

일이 이미 새나가 몸을 사리는 게 분명해.

정보 유출을 막으려면 어떻게든 그들을 끌어들여야 하는데……

다시 가서 그들을 불러라!

또 안 온다고 하면 어쩌죠?

순순히 오지 않으면 그들의 목을 베도록 해라!

옙!

150

방현령과 두여회는 울지경덕의 칼을 보고 놀라 진왕부로 왔다. 긴 시간 모의 끝에 그들은 이건성과 이원길을 제거할 계획을 수립했다.

부황, 형님과 아우 원길이 후비와 사통한다는 소문이 돕니다.

그럴 리가? 건성과 원길이 뭣 때문에 그런 막돼먹은 짓을 저지르겠느냐?

제가 들은 건 모두 사실입니다.

내일 아침에 너희 삼형제가 같이 오면 진상을 밝히겠다!

진왕부

사병들을 현무문 안에 매복해 놓고

태자와 제왕이 현무문으로 들어오면 저와 장공근이 궁문을 닫겠습니다.

현무문은 입궁 시 반드시 거쳐야 하는 길이라 그곳 호위병들을 이미 매수해 두었습니다.

태자와 제왕이 현무문으로 들어서면 그 자리에서 그들을 없애겠다!

제가 진왕 곁에서 실수가 없도록 보좌하겠습니다!

왕위 쟁탈, 현무문의 변 下

이튿날 아침 이건성과 이원길이 현무문 안으로 들어섰다.

신경 쓰지 말고 우리 길이나 갑시다!

원길, 왜 세민이 안 보이지?

아무래도 좀 찜찜해서……

의심이 심하십니다. 빨리 가시죠. 늦으면 부황께 질책을 듣습니다.

153

근데… 정말 이상하네요. 궁 안에 왜 사람 그림자 하나 안 보이죠?

아차, 매복이라도 있는 것 아냐?

그럼 빨리 도망 가야죠!

무슨 변고라도 생긴 걸까?

큰형, 아우, 어디로 가려고요?

힉―

진왕을 건들지 마라!

쉭ㅡ

악!

괜찮으십니까?

괜찮다.

역시 울지 경덕은 나의 수호신이야!

태자의 대장 풍립과 설만철이 변고가 생긴 걸 알고 군사를 이끌고 쳐들어옵니다!

현재 현무문이 크게 시끄럽습니다.

당장 가서 풍립과 설만철을 죽여 버리겠다!

형님과 아우의 머리를 그들에게 보여 주어라.

자신의 주군이 죽은 줄 알면 알아서 물러갈 것이다.

아!

그들은 당대의 명장이라 자네 혼자서 이기기 어렵다.

옥신각신

그렇다고 쳐들어오도록 놓아 둘 수는 없잖습니까?

159

한편 이때 황궁에서는……

애들은 왜 안 오는 거야?

뭔가 불길해…

울지경덕, 자네가 웬일인가?

저벅 저벅

태자와 제왕이 반역을 꾸몄다가 진왕에게 죽임을 당했습니다.

진왕의 명을 받들어 폐하를 보호하러 왔습니다.

뭐? 그게 대체 무슨 말인가?

천하의 모든 군대는 진왕이 관장한다는 조서를 내리십시오!

그건 ……

160

알겠다. 일이 이렇게 됐으니 어쩔 수가 없구나.

호호!

진왕이 일단 군대를 통괄하면 태자와 제왕의 잔여 세력도 두렵지 않아.

결국은 형제들 간의 싸움을 내 보고 말았구나.

진숙달, 자네 생각은 어떠한가?

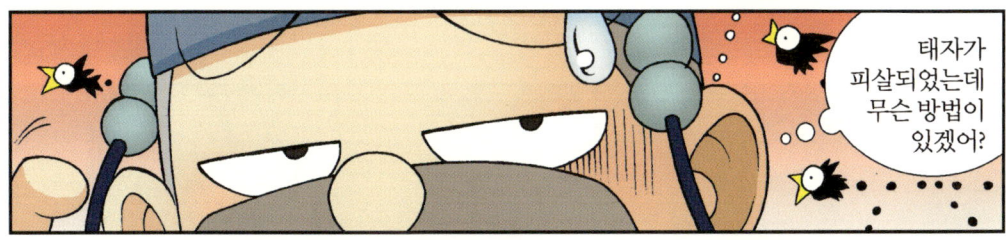

태자가 피살되었는데 무슨 방법이 있겠어?

진왕의 공이 가장 크니 그를 태자로 임명 하십시오.

휴, 그 방법 밖에는 없단 말이냐!

태자와 제왕의 아들들은 한 명도 남기지 않고 모조리 죽였습니다.

휘ㅡ

휘ㅡ

잘했다!

이제 다 끝났습니다!

굿ㅡ

태자부와 제왕부의 사람들도 모두 죽일까요?

참!

아니다. 그들은 풀어 주도록 해라.

거기에는 인재들이 넘쳐 나니 내 사람으로 만들려면 죽여서는 안 되지.

그럼 그럼~

162

이건성과 이원길은 지방에도 상당한 영향력을 행사했기 때문에 어떻게 적시에 지방의 반란을 막고 천하를 안정시키느냐가 이세민의 골칫거리로 대두했다.

방현령, 어떻게 하면 태자의 잔당을 진압할 수 있겠소?

그들을 일망타진하기보다는 잘 설득해서 중용하는 편이 낫습니다.

내가 그들의 주인을 죽여 쉽게 항복할 리 없을 텐데……

히유

풍립, 설만철은 태자 측 사람 중에서 명망이 가장 높습니다.

그들이 기꺼이 전하께 항복한다면 나머지도 따를 것입니다.

풍립이 이미 투항할 뜻을 넌지시 드러냈다고 합니다.

정말이오?

하지만 설만철은 종남산으로 달아났습니다.

그를 부르면 되지 않소?

그가 쉽사리 응할까요?

응하지 않으면 올 때까지 불러야지!

끝까지!

풍립과 설만철을 내 반드시 중용하리다.

그러면 적대 세력을 약화시키고 또 우수한 인재도 모을 수 있소.

설만철은 이세민의 정성에 감동해 순순히 산에서 나와 투항했다. 얼마 후 이세민은 태자와 제왕의 옛 신하들을 등용했는데, 그중에는 명성이 자자한 위징도 포함되어 있었다.

626년 7월, 이세민은 '현무문玄武門의 변'으로 태자를 제거했다. 그리고 세 달 후 이연이 제위에서 물러나고 이세민이 당의 2대 황제인 태종에 올랐다.

직언을 마다하지 않은 위징

전에 태자세마 관직에 있던 위징은 여러 차례 이건성에게 이세민을 죽이라고 건의한 일이 있었다. '현무문의 변' 이후 태자에 오른 이세민은 특별히 위징을 불렀다.

위징, 너는 왜 우리 형제 사이를 이간질했느냐?

난 항상 당당하니까 기죽지 않아.

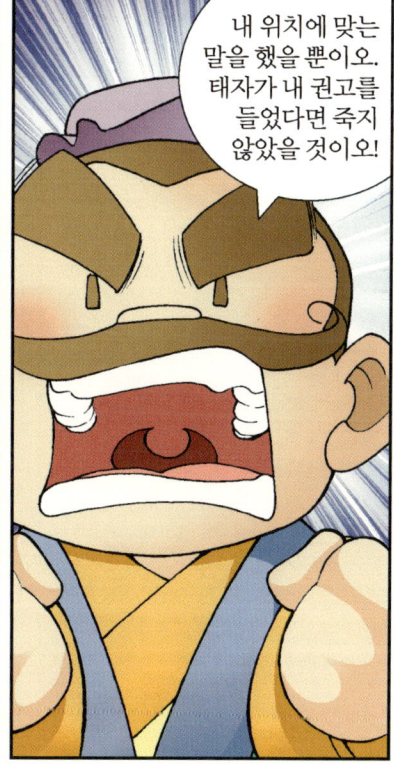

내 위치에 맞는 말을 했을 뿐이오. 태자가 내 권고를 들었다면 죽지 않았을 것이오!

어라? 왜 살려 달라고 빌지 않는 거지?

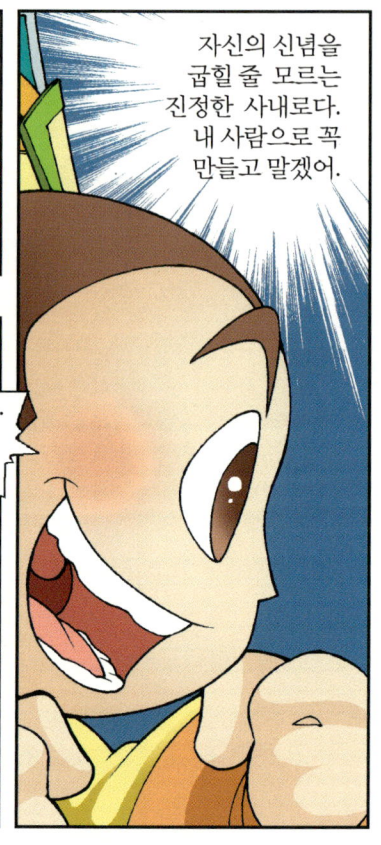

자신의 신념을 굽힐 줄 모르는 진정한 사내로다. 내 사람으로 꼭 만들고 말겠어.

내 말 한마디면 너는 죽어서 장사 지낼 땅 하나 없다 는 걸 모르느냐?

맘대로 해라.

죽이시오. 두렵지 않소!

어쨌든 그대 주인이 죽었으니 나랑 같이 일해 봅시다!

절 죽이지 않고 같이 일하자고요?

난 그대처럼 기개가 있는 사람 을 좋아하오.

같이 일한다면 절대 홀대하지 않으리다!

With me~

위징은 자신을 죽이지 않은 이세민의 은혜에 크게 감복해 기꺼이 그의 뜻에 따랐다. 당 태종 이세민은 즉위 후 위징을 간관에 임명하고 항상 직언을 경청했다.

이제 천하가 안정되었으니 폐하께서는 태산에 가서 봉선*하고 풍년이 들기를 기원하십시오.

좋은 생각이다. 짐이 길일을 가려 태산으로……

신은 봉선에 반대합니다.

위징, 혹시……

짐이 봉선할 자격이 되지 않는단 말이오?

폐하의 공이 높으니 당연히 자격은 됩니다.

그런데 왜 반대하는 것이오?

* 봉선封禪
중국의 제왕이 산동성 태산에서 천하 태평의 공을 천지에 보고하는 의식.

장안과 태산은
거리가 너무 멉니다.
폐하께서 행차를 동원
하려면 백성의 재물과
노동력을 써야 하는데,
그러면 백성의 불만이
높아집니다.

그건
맞지만
……

주저
하지 마시고
이 계획을 단념
하십시오!

그래도
봉선은 하고
싶어. 잉~

위징은 너무
고지식해. 이 촌
뜨기를 꼭 죽이고
말겠어!

촌뜨기가
대체 누구
랍니까?

왔다
갔다

위징
말고 누가
있겠소?

168

충신인 위징을 죽게 내버려 둘 수는 없어.

장손황후

신첩은 군왕이 영명하면 신하들도 정직해진다고 들었습니다.

지금 위징이 직언을 서슴지 않는 건 황상께서 영명하시기 때문입니다. 그러니 당연히 감축드려야죠!

황상, 감축드리옵니다!

꾸벅

짐에게 무슨 기쁜 일이라도?

짐을 치켜세워 위징을 죽이지 말라는 말로 들리는구려.

호호

눈치 채셨군요!

위징을 죽이지 않을 테니 걱정 마시오.

며칠 후

황하 부근에서 홍수가 발생해 이재민 구제 대책이 시급합니다.

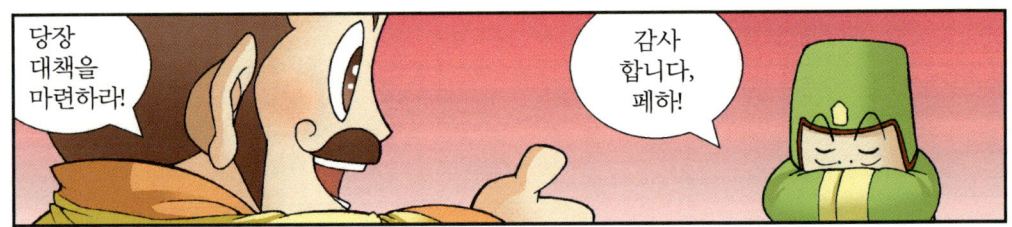

당장 대책을 마련하라!

감사합니다, 폐하!

흉년 때 봉선을 하는 것은 암군이나 하는 짓이다.

다행히 위징이 짐을 저지해 큰 잘못을 저지르지 않았어.

앞으로도 쭈~욱 부탁하오.

당나라는 그대들 같은 충신이 있어서 날로 번창하리다!

170

신은 충신이
되길 바라지
않습니다.

잉?
그럼 뭐가
되고 싶소?

신은
양신(良臣)이 되고
싶습니다.

양신과 충신
의 차이가
무엇이오?

명군을 모시는
어진 신하가 바로
양신입니다. 고요
같은 분이지요.

반면 암군을
모시는 어진 신하
가 곧 충신이고,
비간이 좋은
예입니다.

폐하께서
양신과 충신의 차이를
아셨다고 믿고, 저는
꼭 양신이 되길
바랍니다.

그 말을
꼭 깊이
새기리다!

171

172

이미 안으로 들어오고 있습니다.

뭐?

저벅 저벅

빨리 새를 숨겨야 돼. 안 그러면 또 설교가 시작 된다고!

푸드덕~

그래, 무슨 일이시오?

남자는 만 18세가 돼야 군대를 가는 것 아닙니까?

그런데 폐하는 지금 18세도 안 된 사람을 군중에 편입시켰습니다.

좋소. 짐이 당장 고치리다!

폐하의 안색이 왠지 불편해 보이는데.

얘기 끝났으면 빨리 나가지.

어, 저건 뭐지?

옳지, 움직였다!

폐하께서 소매 안에 새를 숨겼구나.

앵무새가 답답한 소매 안에 있다가 탈난 것 아냐?

또 한 가지 일이 생각났습니다.

더 할 말이 남았소?

위징의 간언은 한참 동안 계속 이어졌다.

태자가 종일 빈둥거리고 여색만 밝히고 있습니다!

짐이 반드시 잘 훈계하겠소.

이제 됐지?

두루 들으면 현명하고 치우치게 들으면 도리에 어두워집니다.

좋은 말이오!

짜증 나는 인간, 아직도 말이 안 끝났어.

새야, 조금만 더 버텨라!

175

폐하, 새 따위와 노닥거릴 시간이 어디 있습니까?!

이만 물러가 보겠습니다.

아, 내 앵무새!

앙~

위징, 일부러 그랬지!

위징의 직간은 항상 당 태종을 격노하게 만들었지만 당 태종은 진심으로 위징을 존경하고 고마워했다. 그래서 그를 자신을 위한 '맑은 거울'이라 칭했다.

현장의 서역 기행 上

진위陳褘는 어려서부터 불교의 영향을 깊이 받아 15세 때 출가해 현장이라는 법명을 얻었다.

불경 번역본이 턱없이 부족하고, 그나마 있는 것도 완전치가 않아.

체계적으로 불법을 배우려면 천축으로 유학을 가는 수밖에 없겠어!

그래, 가는거야!

하지만 조정에서 출국을 엄격히 제한하는 통에 아무리 신청해도 출국 허가가 나지 않으니, 원.

목말라!

나도.

627년, 현장은 아무리 기다 러도 소식이 없자 몰래 서역을 향한 여정을 시작했다.

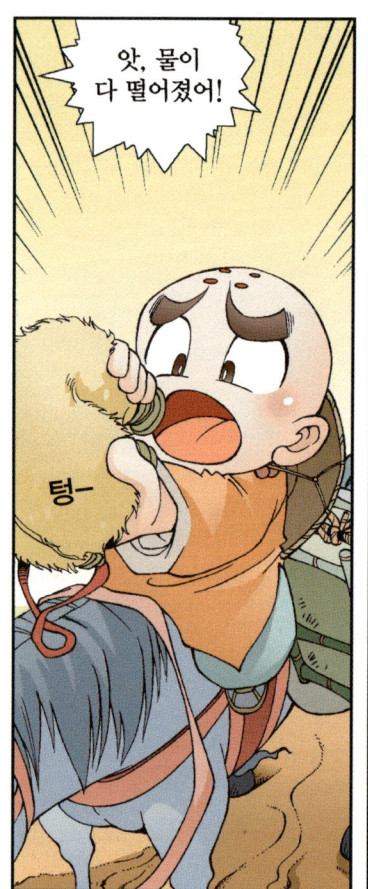

앗, 물이
다 떨어졌어!

텅─

앞에
샘물이다!

뿡

휴, 신기루
였구나!

이런─

178

179

며칠 후

봉화대?

봉화대는 수원지에 세우 니까 분명 물이 있을 거야!

엉?

국경을 몰래 넘는 자가 있다!

화살을 쏴 경고 하자!

악!

쏘…쏘지 마시오!

애고, 간 떨어지는 줄 알았네.

법사님이 여긴 어인 일입니까?

이 교위는 부처를 믿는 사람이라 날 도와 줄지도 몰라.

이것은 빈승의 도첩*입니다. 한번 확인해 보십시오.

아, 현장 법사님이 시군요.

빈승이 천축에 가서 불법을 배우려 합니다. 대인께서 도와 주십시오.

곤란~

그건 ……

저도 불문 신도라 법사님을 돕고 싶습니다만

서역으로 가는 길이 험난해서 천축에 살아서 도착하지 못할까 염려 됩니다.

차라리 돈황으로 보내 드릴 테니 그곳에서 불법을 전파하심이 어떨까요?

* 도첩度牒
관청에서 승려에게 발급하는 출가 증명서.

182

난 목숨이 아깝지도, 험준한 곳이 두렵지도 않소. 다만 불학의 진리를 찾고 싶을 뿐이오.

난 가야 한다고!

대인은 부처를 믿으면서 절 격려해 주지는 못할 망정 포기하라고 권하시오?

법사님의 결심에 탄복했습니다. 내일 제가 직접 길을 안내해 드리죠.

그럼 몰래 국경을 넘는 노선을 알려 주겠지?

제가 준비한 식량과 물, 은자입니다.

따뜻한 배려에 감사 드립니다.

앞쪽 길을 따라 가면 봉화대 두 곳을 만나게 될 것입니다.

이곳에는 봉화대가 모두 다섯 개 있으니, 아직도 관문이 두 개나 남았구려.

말로는 증거가 되지 못하니 쪽지 한 장만 써 주십시오.

법사님이 손에 든 짐을 보면 바로 알아챌 테니 걱정 마십시오.

네 번째 봉화대의 교위 왕백롱은 제 친척입니다.

제 얘길 하시면 법사님을 곤란하게 하진 않을 겁니다.

184

만일 왕백롱이
보내 주지 않으면
어쩌지? 그래, 몰래
빠져나가는 게
낫겠어.

으악!

히힝~

슉

이 화살은
경고의
표시요!

나는 장안에서
온 승려다.
왕백롱 교위를
만나러 왔다!

185

무슨 일로 절 찾으셨습니까?

빈승은 서역에 불경을 구하러 가는 길입니다. 첫 번째 봉화대의 교위가 여기 오면 도움을 받을 수 있다고 해서요.

이것이 그가 준 짐입니다.

이건 분명 그의 짐이 맞군요.

오늘밤은 여기서 머무십시오. 음식을 준비하겠습니다.

감사합니다.

잘됐어!

이 길이 좀 더 돌아가긴 하지만 마지막 봉화대를 피해 갈 수 있습니다.

마지막 봉화대의 교위는 의심이 많아서 쉽게 보내 주지 않을 겁니다.

멀리 돌아가다가 물이 떨어지면 어떡하죠?

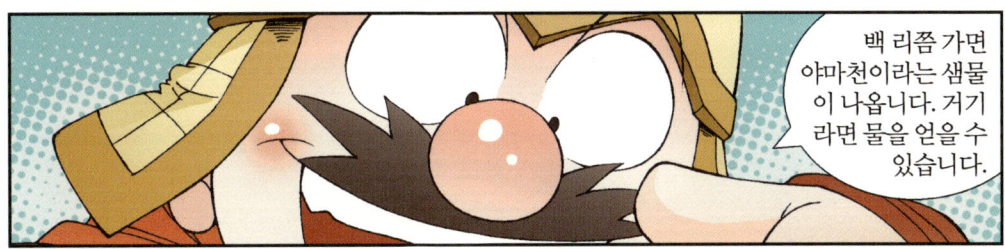

백 리쯤 가면 야마천이라는 샘물이 나옵니다. 거기라면 물을 얻을 수 있습니다.

하지만 아무리 가도 샘물이 나오지 않았고 현장의 체력도 거의 고갈된 상태에 이르렀다.

어휴, 어지러워!

난 멀쩡해 보이냐?!

나도 힘들다구.

아이쿠!

큰일이다. 물통의 물이 다 쏟아졌어!

헉!

봉화대로 돌아가서 물을 얻어올까?

아니지. 천축에 이르지 못하면 절대 돌아가지 않겠다고 맹세했잖아!

서쪽으로 가다가 죽는 한이 있어도 동쪽으로는 절대 가지 않을 거야!

현장의
서역 기행 下

현장은 꼬박 닷새 동안 물 한 모금 마시지 못했다. 말도 물을 마시지 못해 기운이 다 빠졌다.

쉬익

쉬−

히…히힝~

다그닥

다그닥

말이 왜 이리 날뛰는 거야!

어, 저기 샘물이 있다!

또 신기루는 아니겠지?

히잉

와, 여기가 야마천인가 보다.

물아~ 반갑다!

하늘이 무너져도 솟아날 구멍은 있어!

꿀꺽 꿀꺽

꿀꺽 꿀꺽

고창국

대왕, 당의 승려인 현장이 우리 국경 안으로 들어 왔습니다.

오, 그래?!

불법을 독실히 믿었더니 고승을 만날 기회도 생기는구나!

국문태

이리도 반겨 맞아 주다니.

현장법사님을 공손히 맞이하라!

즉각 사람을 보내 영접하라!

법사님의 명성은 오래전부터 들었는데 지금에야 만나 뵙는군요.

대왕은 독실한 신자시군요.

법사님은 불학에 대해 조예가 깊으시니 고창에 머무시기 바랍니다.

미안하지만 대왕의 요청에 응할 수가 없소이다.

이거 참 난처한 걸.

절레 절레

고창은 작은 나라지만 승려가 천 명이나 됩니다.

그들과 함께 법사님께 가르침을 받겠습니다.

빈승은 천축에 가서 불경을 구하겠다고 부처께 맹세했소. 만약 중도에 그만두면 불법이 용납지 않을 것이오!

버럭—

흠모하는 법사님을 꼭 고창에 머물도록 할 것이오!

하늘이 무너져도 제 결정은 바뀌지 않습니다!

그럼 저 대신에 시신을 거두어 주시오.

단호

뭐라고요?

국문태가 서역으로 보내 주지 않자 현장은 단식을 하며 무언의 시위를 벌였다.

나흘 동안 아무것도 드시지 않았습니다.

법사님, 제가 졌습니다!

얼른 음식을 드십시오!

고창왕은 사람을 딸려 보내 현장을 호송하고 많은 물품도 챙겨 주었다. 또한 지나는 길에 있는 25개국 왕에게 현장을 안전하게 통과시켜 달라는 편지를 써 주었다.

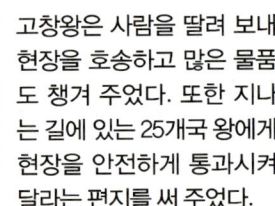

날 보내 주는 것이오?

그렇다마다요.

현장은 서역 국가들의 도움으로 비교적 순조롭게 천축에 도착했다. 그는 먼저 천축의 유서 깊은 사원인 나란타사를 찾아갔다.

소승은 오로지 천축에 불경을 배우러 왔습니다.

정말 잘 왔소.

주지스님이 왜 우십니까?

감동해서 그렇습니다.

엉엉엉

몇 년 전 주지 스님 꿈에 부처님이 나타나 승려 하나가 이곳에 불법을 배우러 온다고 했는데,

마침내 그 분이 오셨으니까요.

천축에 오는데 얼마나 걸렸소?

꼬박 3년 걸렸습니다.

주지의 3년 전 그 꿈으로 인해 현장은 나란타사에 오자마자 극빈 대우를 받았다.

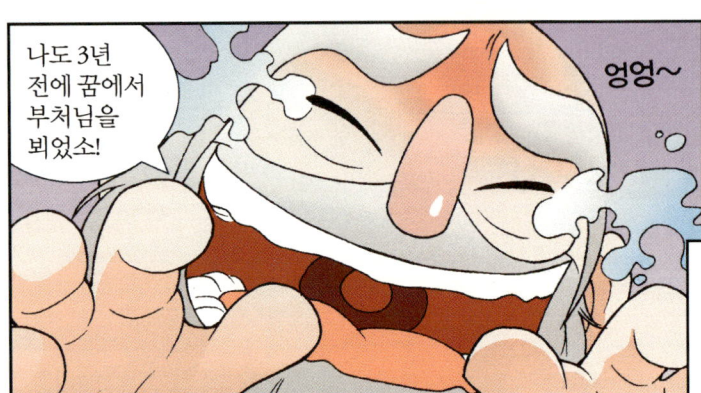

나도 3년 전에 꿈에서 부처님을 뵈었소!

엉엉~

현장은 나란타사에 5년간 체류하며 불경을 공부하고, 학문을 이룬 후에 귀국 길에 올랐다.

현장이 귀국 도중 우전국에 들렀을 때였다.

빈승이 법령을 어기고 몰래 국경을 넘어서 무사히 귀국할 수 있을지 모르겠습니다.

걱정 마시오.

본 왕이 당 황제에게 자초지종을 알리는 편지를 써 드리죠.

정말 그래 주시겠습니까?

우리 상단이 마침 장안에 가니 인편에 편지를 보내겠소.

태종은 우전왕의 편지를 받고 현장의 노고를 가상히 여겨 그에게 사면령을 내렸다. 뿐만 아니라 돈황의 지방관을 파견해 그를 영접하기까지 했다.

645년, 현장은 서역 기행을 마치고 마침내 고향으로 돌아왔다.

대사가 어떻게 그 험난한 천축을 다녀왔는지 궁금하오.

폐하의 은덕으로 오가면서 큰 어려움을 만나지 않았습니다.

대사의 발길이 닿은 곳은 모두 외진 지역이오.

책을 뒤져도 그곳과 관련된 기록이 매우 적을 텐데요.

빈승이 다니면서 보고 들은 바를 기록해 두려 합니다.

대사는 견문이 넓고 재주가 뛰어나니 속인이 되어 관리가 되는 건 어떻겠소?

폐하의 호의는 고맙지만 빈승은 이생에서 불문에 귀의하고 싶습니다.

속세라니? 말도 안 돼.

197

승산의 소림사는 달마 조사께서 불경을 번역한 곳이라 들었습니다.

빈승도 그곳에서 불경을 번역하려 하니 허락해 주시옵소서!

넙죽—

소림사는 외진 곳이라 교통이 불편하니 대사는 홍복사에 기거하시오.

필요한 것은 방현령에게 얘기하면 모두 준비해 줄 것이오.

태종은 현장에게 불경 번역 작업의 전권을 주었다. 이에 현장은 범어*, 불학 등에 조예가 깊은 인재를 선발하고 방대한 번역 기구를 조직했다.

스승님, 번역 인재를 왜 그렇게 많이 모집하셨어요?

*범어梵語
산스크리트어. 고대 인도의 표준 문장어. 주로 불경이나 고대 문학에 기록되어 있다.

변기야, 생각해 보렴. 이번에 가져온 500권 넘는 불경을 혼자서 어떻게 번역하겠니?

그런데 지금 스승님은 회고록을 쓰는 데 시간 낭비하고 계시잖아요.

이건 회고록이 아니다. 내가 경전을 구하러 가는 도중에 들른 각 나라의 기록이다!

폐하께서 이 나라들에 특별히 관심이 많으시다.

폐하께서는 서역 국가의 상황을 파악하고 그들과 외교 관계를 발전시키려는 것이군요.

이제 스승님의 구술을 제가 기록으로 정리하겠습니다.

그래야 스승님이 번역에 더 많은 힘을 쏟으실 수 있으니까요.

646년, 1년여의 노력 끝에 현장이 구술하고 변기가 기록한 『대당서역기大唐西域記』가 완성되었다. 여기에는 서역 100여 개국의 상황이 충실히 기록되어 있다. 오늘날 고고학자들은 이 책의 기록에 근거해 많은 유적을 발굴해 냈다.

새로 지은 자은사가 정말 장관이로구나!

예. 대사님이 이곳 주지로 오시면 더할 나위 없겠어요!

천축에서 가져온 불상과 경전을 보관할 마땅한 장소를 찾지 못했는데……

이곳에 불경을 보관할 불탑을 짓겠다고 폐하께 말씀드려 보세요.

그래, 절 서쪽에 대안탑을 짓도록 하자!

현장은 19년간 번역 작업에 매달려 총 1,300만 자, 74권에 달하는 방대한 불경을 번역했다. 또한 그는 중국의 법상종* 을 창시하기도 했다.

* 법상종法相宗
불교 종파의 하나. 유식종唯識宗이라고도 한다. 우주 만물의 본체보다 현상을 세밀하게 분류하고 분석하는 입장을 취함.

이정이 동돌궐을 섬멸하다

북방의 유목민족인 돌궐은 동서 두 곳으로 나뉜 후에도 자주 당 국경을 침범했다. 이 때문에 태종은 골머리를 앓았다.

630년, 이정은 동돌궐 토벌에 나섰다. 그는 선봉대 3천 명을 거느리고 주력부대보다 먼저 돌궐의 주력군이 주둔하고 있는 악양령에 도착했다.

장군, 고작 3천 군사로 돌궐의 주력군을 상대할 수 있을까요?

우린 그들을 위협만 할 뿐, 진짜 싸우지는 않는다!

돌궐이 겁을 먹지 않고 공격해 들어오면 어쩝니까?

돌궐의 힐리칸은 의심이 많아서 우리의 인원이 적은 걸 보면 절대 경거망동하지 않을 것이다.

왜 돌궐을 직접 쳐부수지 않고 위협만 하는 것입니까?

두고 보면 알 것이다!

201

동돌궐 진영

칸, 큰일 났습니다! 당군이 우리 주둔지 부근에 진을 쳤습니다!

당군은 얼마나 되나?

겨우 3천 명 입니다.

당은 수백만 군대가 아니면 절대 이리로 쳐들어 올 리가 없다.

중간에 분명 속임수가 있을 거야!

왜 빨리 가서 쳐부수지 않는 거지?

대체 이놈들이 무슨 꿍꿍이를 꾸미고 있는 거지?

함부로 움직이지 말고 진지를 사수하 라고 전해라!

예!

202

힐리칸이 고작 당군 3천 명을 두고도 공격을 주저하자 동돌궐군의 민심이 크게 동요하기 시작했다.

당군이 갑자기 나타나서 칸이 두려움에 떨고 있어.

칸이 이렇게 무서워 하니 이번 싸움은 패한 거나 진배없네.

게다가 당의 장수인 이정은 싸움에 능하다더군.

헉, 빨리 도망갈 채비나 서두르자고.

좋은 소식입니다! 돌궐의 장수 강소밀이 정양성을 바치며 투항했습니다!

돌궐 사람들이 간담이 서늘해져서 싸우지 않아도 투항하는 장수가 속속 나올 것이다.

203

돌궐의 힐리 칸이 줄행랑을 친다는 보고입니다!

그는 절대 도망가지 못한다. 이세적의 주력부대가 길목에서 그를 기다리고 있다.

앗, 이세적의 부대다!

돌격하라!

파—

상황이 불리하다. 퇴각하라!

힐리칸은 이세 적에게 대패하고 겨우 음산으로 도망쳤다.

삭신이야…

집실사력, 우리 부대가 참패했네.

칸,
투항하는 게
좋겠습니다.

죽어도
투항은
안 된다!

제 말은 거짓
으로 투항하란
겁니다.

먼저 귀중한
시간을 벌어 군
마를 재정비한 뒤
당군과 결사전을
벌이십쇼!

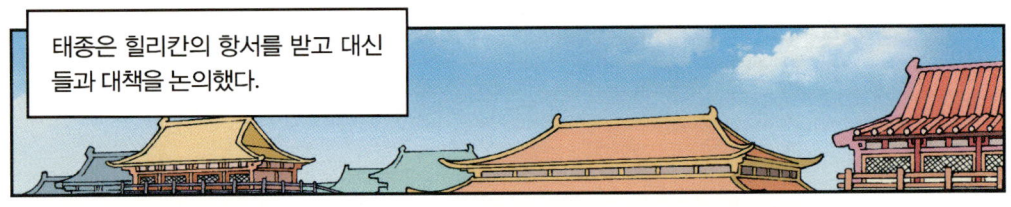

태종은 힐리칸의 항서를 받고 대신
들과 대책을 논의했다.

경들이
보기에 힐리칸이
진심으로 투항한
것 같소?

이건 거짓
투항입니다. 그는
분명 기회를 기다
렸다가 반공을
가할 겁니다.

위기를 넘겨
보자는 얕은
수지.

어떤 기회를 기다린단 말이오?

그럼 우린 장계취계*를 씁시다!

힐리칸이 우릴 속였다고 여기게 한 뒤 급습하는 거지.

몇 개월만 지나면 봄입니다. 풀이 자라고 말이 살지는 계절이 전쟁을 벌일 적기죠.

정말 이상해. 폐하는 사자를 보내 항복을 권유하고도 왜 우리에게 휴전을 말라 하시지?

그래, 폐하는 힐리칸의 거짓 투항을 대번에 알아챈 거야!

우리 황제는 못 속이지.

그렇다면 지금 당장 돌궐을 멸해 버립시다!

그게 좋겠어!

* 장계취계(將計就計)
상대의 계책을 미리 알아채고 그것을 역이용하는 계략.

207

이정은 이세적과 두 길로 나누어 힐리칸이 머무는 음산으로 쳐들어갔다.

마침 짙은 안개가 엄호하는구나. 돌궐 군영 앞에 이르러 그들이 우릴 발견했을 때는 이미 늦을 것이다.

폐하가 파견한 사자가 아직 돌궐 군영 안에 있습니다.

지금이 돌궐을 섬멸할 절호의 기회인데, 어찌 작은 일 때문에 큰일을 그르치겠는가?

사자의 목숨과 대군은 비교할 가치도 없다!

우리가 쳐들어가면 사자의 목숨이 위험해집니다.

와ー

무슨
소리지?

큰일 났습니다.
당군이 급습해
사상자가 속출
하고 있습니다!

당의 사자가
여기 있는데도
우릴 급습
했다고?

어떻게 된
일인지 사자
에게 따져야
겠다.

사자가
벌써 도망쳤
습니다!

빨리
달아나십쇼.
지체하면 끝장
입니다!

209

저희는 항복하겠습니다!

흥! 내가 쉽게 항복할 줄 알고? 이랴!

슝ー

슝ー

슝ー

쫓아라! 반드시 힐리를 사로잡아야 한다!

아깝게 힐리를 놓치다니!

힐리는 서돌궐로 달아나고 있을 테니 장보상에게 추격하라고 이르게.

이번에는 절대 도망치지 못할 걸세.

바로 보내겠습니다.

얼마 후 장보상은 정말 힐리 칸을 사로잡았다. 한 시대를 풍미한 동돌궐 정권은 이렇게 막을 내렸다.

배적을 파면해 본보기로 삼다

즉위한 지 얼마 안 된 태종은 고조 때의 옛 신하들을 무마하기 위해 당장 관직을 박탈하지 않았다.

방현령, 아첨이나 떨던 옛 고관들은 어떻게 처리하면 좋겠소?

마땅히 그들의 관직을 삭탈해야 합니다!

그중에는 고조께서 가장 신임한 신하가 있소. 짐과도 교분이 있고 ......

혹시 상서좌복야 배적 대인 말입니까?

맞소!

확실한 증거 없이 그를 파면하면 오히려 옛 신하들의 반발을 살까 우려가 되긴 합니다.

경전 강의하러 온 나를 쫓아내? 이 법아의 인생에서 이런 치욕은 없었다고!

쿵   쿵

사사로운 정을 잊고 내 꼭 배적을 조정에서 쫓아 내고 말겠소!

이 빌어먹을 황제야!

감히 폐하를 욕하다니. 당장 저놈을 잡아라!

관료들은 법아를 체포해 법에 따라 처벌했다. 그런데⋯⋯

이것이 법아 승려의 심문 조서입니다.

오, 법아가 배적 앞에서 황실을 욕한 기록이 있구나!

그래, 이거야.

두여회, 이 심문 기록이 매우 유용하게 쓰일 것 같소.

네?

흐흐, 드디어 배적을 손볼 건수가 생겼다.

배적, 법아가 그대에게 이런 말을 한 적이 있소?

있습니다.

대담하구나! 그 사실을 알면서도 보고하지 않다니!

힉, 황제답지 않은 이 과민한 반응은 뭐지?

큰일이다. 이번엔 꼼짝 없이 감옥에 갇히겠어.

216

고조께서 재위할 때는 공적 심사가 느슨하여 그대는 높은 자리를 차지하고 탄핵 당하지 않았다.

하지만 지금은 기강이 엄격하여 조정에 무위도식하는 신하는 필요 없다!

스스로 현재의 직위를 감당할 수 있다고 생각 하시오?

덜덜덜

죽을죄를 지었습니다, 폐하!

배적, 미안하오.

그래도 짐과의 교분을 생각해서 고향으로 돌아가 도록 해 주겠소.

결국 배적은 관직에서 쫓겨나 고향에 머물며 한가로이 지내고 있었다.

아, 역시 벼슬할 때가 좋았어……

배 대인은 천자의 상입니다!

뭐?

신행, 그런 말을 함부로 지껄이지 마라!

헤헤, 함부로 지껄인 말이 아닌데.

정신병자인 신행이 배적을 볼 때마다 이런 말을 내뱉자 배적은 불안에 벌벌 떨었다.

신행의 말이 까딱하면 반역을 꾀하는 걸로 비춰질 텐데, 이를 어쩐담?

어르신, 무슨 일로 찾으셨습니까?

공명, 얼른 신행을 잡아들여 관가로 보내라!

예!

신행을 관가로 넘기면 폐하도 날 탓하진 않을 거야.

219

신행이 병사했습니다.

얼마 전까지 건강하던 놈이 갑자기 죽었다고?

그런데 그만 예상치 못한 변고가 발생했다.

이 일을 감추려면 이 사실을 알고 있는 자들을 모두 죽여 버려야 돼!

당장 가서 신행의 몸종들을 모조리 죽여라!

살인으로 입을 막으려고? 관가에 알려야겠다.

예!

이 일은 결국 태종의 귀에까지 들어가고 말았다.

배적이 인명을 해치려 한다는 고발이 들어 왔소!

대체 고향에 내려가 뭘 했길래 이런 일까지 생기누.

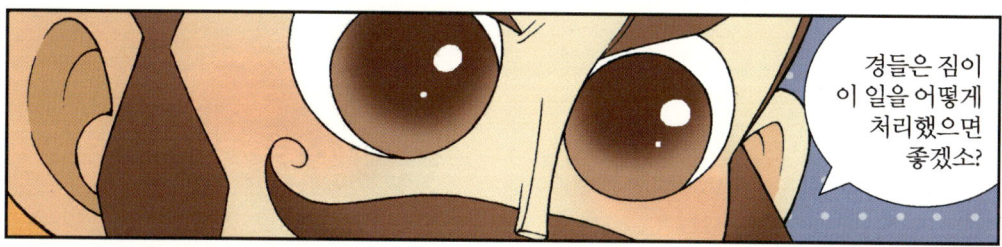

경들은 짐이 이 일을 어떻게 처리했으면 좋겠소?

좋소. 배적을 정주로 유배 보내시오!

배적이 아직 살인을 저지르지 않았으니 사형은 과하고 유배를 보내야 합니다!

영명 하신 판단 입니다!

222

아, 당신이 배적이구려!

쳇—

얼른 가자!

저들을 풀어 주어라!

넷?

우리는 배적을 황제로 삼는다는 명목으로 당 조정에 대항한다!

이번에 반란을 일으킨 강족은 제 분수를 모르는 것 같구려.

배적이 사람들을 소집해 강족과 대치 중이라고 합니다.

폐하, 배적이 강족의 반란을 평정하고 반군 수령을 죽였다는 보고입니다.

짐이 배적에게 너무 지나쳤다고 생각하오?

배적을 장안으로 다시 부르십시오. 변방에서 죽게 할 수는 없습니다.

그리리다.

배적은 장안으로 돌아온 지 얼마 되지 않아 병사했다. 다른 옛 신하들은 배적의 전철을 밟을까 두려워 충성을 다하지 않는 이가 없었다.

약왕이라 불린 명의, 손사막

당나라 때 손사막이라는 유명한 의사가 있었다. 그의 의술이 너무 뛰어나서 민간에서는 그를 '약왕藥王'이라고 칭송했다.

엉엉……

어라, 관에서 뻘건 피가 새나오네. 확인해 봐야겠어.

실례합니다만
이 관 속에 있는
사람은 어떻게
죽었습니까?

이 아인 내 딸
입니다. 아기를
낳기도 전에
죽었습죠.

엉엉~

죽은 지
얼마나
됐나요?

8시간쯤
됐습니다.

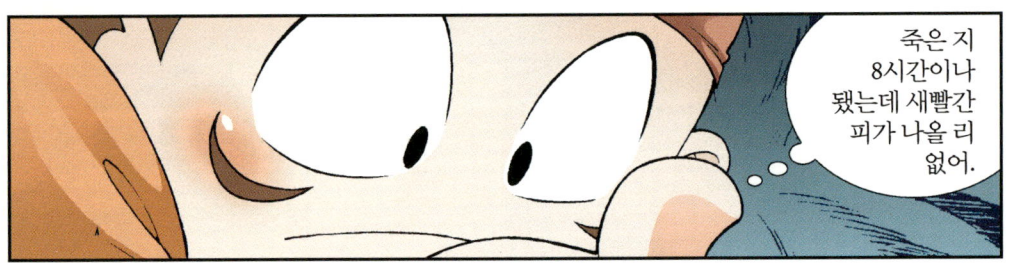

죽은 지
8시간이나
됐는데 새빨간
피가 나올 리
없어.

이 부인은
아직 죽지 않았
습니다. 빨리
관을 여세요!

네??

저 분은 약왕
손사막이니 얼른
시키는 대로
하세요!

약왕 선생이
틀림없이 구해
줄 거예요!

맥박이 너무 미약해.

선생님, 제 딸아이를 살릴 수 있을까요?

아직 희망이 있으니 최선을 다해 보겠습니다.

그런데 침은 왜 놓으시죠?

침으로 혈도를 찌르는 것입니다.

아야!

손 선생님, 정말 감사합니다!

부인의 덕입니다.

엥?

손사막의 가장 큰 의학적 공헌은 '아시혈*'을 발견한 것이다. 이는 압통점이나 기타 병리적 반응점을 침구 치료의 혈자리로 삼은 것으로, 이전의 고정화된 혈자리와는 큰 차이가 있었다.

아야!

금방 괜찮아지니 조금만 참으세요.

돌아가면 꼭 제때 약을 복용하세요.

꾹!

선생님, 얼마나 지나면 제 다리가 나을까요?

열흘이면 됩니다.

* 아시혈阿是血
통증이 있는 부위를 눌러 주면 그 해당하는 자리가 곧바로 편해지거나 혹은 환자가 아픔을 느끼고 곧 아시(阿是, 아! 거기)라고 말하는 곳을 혈자리로 정한 것.

한 달이 다 돼 가는데 다리가 계속 아프다고요!

분명 열흘이면 나을 통증인데.

의서에 나오는 혈자리에 침을 놓고 통증을 멈추게 하는 약을 썼는데 왜 효과가 없지?

열흘이면 좋아진다고 해놓고 대체 이게 뭐요?

명의 맞아?!

당신이 걸린 병은 보통 다리 통증과 다른 것 같소.

설마 고칠 수 없는 괴병에 걸린 건 아니죠?

229

걱정 마시오. 내 꼭 고쳐 드리리다!

여기가 아픈가요?

아니오.

악, 거기예요!

나 죽네—

앗, 깜짝이야!

사람의 혈자리는 의서에 기록된 365개 외에 더 있는 것 같단 말이야……

아직도 아프세요?

괜찮아 졌어요.

평생 이렇게 살아야 하는 건가?

이후 치료가 계속됐지만 손사막은 병의 원인을 정확히 찾아내지 못했다.

괜찮으세요?

아직도 너무 아파요!

침을 놓은 데는 분명 어제 그 새 혈자린데 왜 효과가 없지?

여기가 아프세요?

아니오.

여기는요?

악, 바로 거기, 거기가 아파요!

아직도 아프세요?

아니오.

괜찮아요.

이젠 다리가 아프지 않아요. 선생님은 정말 신의이십니다!

환자의 다리 통증이 며칠 후 사라진 건 내 치료법이 정확했다는 뜻이야.

정말 잘 되었구려.

며칠 전 제가 침을 놓은 후 다른 곳이 불편하진 않았나요?

전혀요.

그래, 아픈 부위에 침을 놓는 것이 맞는 방법이었어!

당신의 협조에 감사드립니다. 덕분에 새 혈자리를 발견했어요.

새로 발견한 혈자리 명칭은 무엇인가요?

바로 아시혈 입니다.

괴상한 이름이네.

내가 이 혈자리를 누를 때마다 당신이 '아, 거기'해서 붙여진 이름이에요.

헐~

손사막은 침과 뜸 방면의 위대한 공헌 외에 도뇨술*을 최초로 시행하기도 했다.

아파 죽겠어!

데굴~

데굴

며칠 동안 저렇게 소변을 못 보고 있어요.

상태를 보아 하니 소변을 계속 보지 못하면 죽을지도 모르겠어.

하지만 도뇨약을 쓰기에는 너무 늦었어.

* 도뇨술導尿術
방광 속에 괴어 있는 소변을 뽑아내 치료하는 방법.

선생님, 제 아들 좀 꼭 살려 주세요!

아드님은 요도 입구에 문제가 생겨서 부드러운 물건으로 소변을 배출해내야 합니다.

빨리 파 잎을 가져 오세요!

당장 가져 올게요!

겨우 파로?

파 잎으로 제 아들 병을 치료할 수 있나요?

파 잎은 가늘고 부드러우며 가운데가 비어서 공기를 불어넣으면 소변을 배출할 수 있습니다.

235

이제 배가 아프지 않아요!

벌떡

손 선생님, 정말 감사합니다!

허허, 제 할 일을 한 것뿐인걸요.

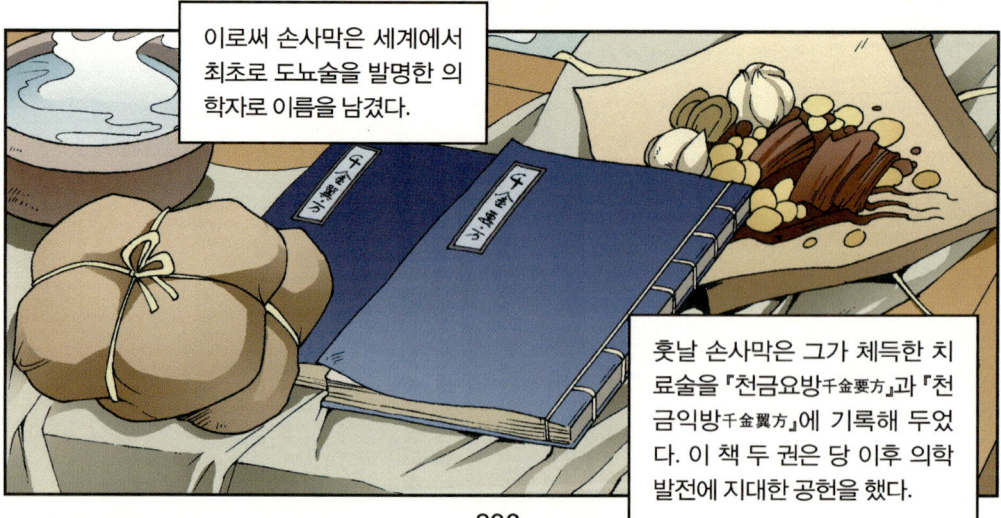

이로써 손사막은 세계에서 최초로 도뇨술을 발명한 의학자로 이름을 남겼다.

훗날 손사막은 그가 체득한 치료술을 『천금요방千金要方』과 『천금익방千金翼方』에 기록해 두었다. 이 책 두 권은 당 이후 의학 발전에 지대한 공헌을 했다.

당 下

문성공주文成公主

임성왕 이도종의 딸.
이름은 이설안李雪雁이다.
토번(티베트)의 찬보 송찬간포의
황후로 태종의 명을 받아
토번과 화친을 맺었다.

이세민李世民

당 태종. 당의 2대 황제로 유능한
정치가이자 군사가, 서예가,
시인이다. 역사적으로 유명한
'정관貞觀의 치'를 열었다.

이치李治

당 고종高宗. 당의 3대
황제로 이세민의
아홉째 아들이다.

송찬간포松贊干布

토번의 33대 찬보
(贊普, 토번 군주의 칭호)로
토번 왕조를 실질적
으로 건국한 군주다.
토번족의 민족 영웅으로
문성공주와 결혼했다.

측천무후則天武后

중국 역사상 유일한
여황제이다. 고종 때는
황후, 중종中宗과 예종睿宗
때는 황태후에 올랐다.
후에 자립해 주周나라를
건국했다.

혜능慧能

당의 고승으로
중국 선종의 6대
조사다. 저서로는
『육조단경六朝壇經』이
있으며, 부패하지
않은 육신 사리가
전해 내려온다.

내준신来俊臣

측천무후 때의 잔혹한 관리.
측천무후에게 밀고하여
신임을 얻고 그녀의 앞잡이
노릇을 했다.

낙빈왕駱賓王

당 초기의 시인. 왕발王勃,
양형楊炯, 노조린盧照隣과 함께
'초당사걸初唐四傑'로 불렸다.
광택光宅 원년 때 서경업徐敬業이
측천무후 토벌에 나서자
측천무후 토벌을 알리는
유명한 격문을 기초했다.

주흥周興

측천무후가 중용한
혹리* 중 하나로 수천 명에
달하는 사람을 무고하게
죽이고 잔혹한 형벌을
많이 만들어냈다.

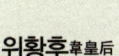
* 혹리酷吏
  혹독하고 무자비한 관리.

위황후韋皇后

중종 이현李顯의 황후.
신룡神龍 원년에 중종이
복위하자 무삼사武三思 등과
결탁해 정권을 장악했다.
이융기李隆基가 정변을 일으켜
궁에서 그녀를 죽였다.

적인걸狄仁傑

측천무후 때의 걸출한
정치가이자 재상이다.
측천무후가 집권할 때
권력을 두려워하지 않기로
유명했다.

문성공주가 토번으로 시집가다

633년, 토번 수령 송찬간포는 당에 사신을 보내 혼인을 맺자고 요청했다. 태종은 토욕혼 사신의 이간질에 넘어가 혼인 요청을 거절했다. 이에 격노한 토번은 군대를 이끌고 토욕혼을 공격했다.

즉각 송주로 대군을 파견하라!

토번이 토욕혼을 격퇴한 후 우리 땅 송주로 향하고 있습니다.

토번은 폐하께서 혼인을 거절해 송주를 공격하는 것이라고 합니다.

공주를 보내 혼인을 맺는 것이 어떻겠습니까?

하찮은 토번의 위협에 대당의 체면이 깎이는 일은 할 수 없소!

싫어—

송주는 병력이 적어 일단 토번에게 격퇴되었다는 소식이 전해지면 많은 나라들이 잇달아 토번에게 달려 갈 것입니다.

선비는 사흘을 헤어 지면 눈을 비비고 다시 보라 했습니다. 토번의 실력이 그 정도로 막강해 졌습니다!

신이 이렇게 말씀드렸는데도 혼인을 고려하지 않으시겠 습니까?

먼저 싸우 시오. 이긴 다음 혼인 문제를 논의합시다.

지금 공주를 보내 화친하면 토번에 고개를 숙이는 꼴이 되지 않소!

그건 안 돼!

네?

태종은 후군집, 집실사력, 우진달, 유란 등에게 5만 군사를 이끌고 출정을 명했다. 송주에서 당에게 대패한 토번은 재상 녹동찬을 장안에 사신으로 파견했다.

자존심을 지켰어!!

황금 5천 냥과 보물 몇 상자를 바치니 흔쾌히 받아 주십시오.

이건 국서입니다.

중얼 중얼

혼인을 요청하는 것이오?

그렇습니다.

이렇게 성의를 보이니 짐도 혼인을 허락하리다!

토번과의 혼인은 절대 안 됩니다!

엥?

후군집, 왜 혼인에 반대 하는 것이오?

유목민족인 토번이 중원 문화를 수용하면 우리에게 심각한 위협이 됩니다.

중원 문화를 수용한 유목민족이 아주 많지만 그다지 큰 위협은 없었소!

토번 수령 송찬 간포는 성격이 아주 포악하단 말이오!

그들 대군이 우리에게 패했는데 또 덤비진 못하지.

힉, 폐하 까지…

신은 오히려 송찬간포가 다수의 의견을 물리치고 재상을 보내 혼인을 청하는 것으로 여겨집니다.

위징의 말이 맞다. 혼인은 우리와 토번이 결맹할 좋은 기회야.

하지만 송찬 간포는 이미 니파라의 공주를 황후로 맞았다고요.

당의 공주를 절대 소실로 보낼 수는 없습니다!

토번의 사신 녹동찬을 불러 와라!

그건 말이 안 되는군요. 당의 공주가 니파라의 공주보다 지위가 낮다니요?

그 문제는 짐이 분명히 짚고 넘어 가리다.

그건 염려 마십시오. 토번에 두 황후를 세운 전례가 있어서 당의 공주가 시집오면 황후가 됩니다.

내년 정월 공주를 토번에 시집보내 귀국의 대왕과 사돈을 맺겠소!

태종은 토번과의 혼인을 약속한 후 종실의 여자 하나를 골라 문성공주에 봉했다.

문성, 네가 이번에 토번으로 시집가면 양국은 우호 관계를 유지할 수 있다.

먼 타국으로 시집가야 하다니…

248

그곳은 날씨가 무척 춥고 곡식도 열리지 않는다던데요.

그렇다면 네가 그곳 백성에게 농사짓는 법을 알려 주면 되지 않겠느냐?

토번은 말처럼 그렇게 춥지 않습니다. 도성인 라사 등지는 아주 따뜻합니다.

다행이군.

641년, 문성공주 일행은 녹동찬을 따라 토번으로 향했다.

우리 대왕은 당의 공주를 아내로 맞는 것이 중원 문화를 받아들이는 것이라고 했습니다.

정말요?

249

당의 국경을 넘어 토욕혼을 지나는구나.

토욕혼의 하원군 왕비도 당의 공주 인데……

토욕혼 칸과 하원군 왕비가 마중을 나왔습니다.

언니!

엉엉!

언니가 너무 멀리 시집가서 다시는 못 만날 줄 알았어요!

나도 정말 반갑구나!

이국타향에 왔으면 당연히 그곳 생활에 적응해야지 고향 생각에 젖어 있으면 안 된다.

저는 유세군이나 왕소군처럼 양국 우호에 보탬이 되고 싶은 생각이에요.

문성공주가 백해에 도착하자 송찬간포는 직접 마중 나와 강하왕 이도종을 만나서 사위의 예를 행했다.

이제 한인의 부마가 됐으니 당연히 한족 옷을 입고 새 신부를 맞아야지요!

대왕, 왜 우리 한족 의복을 입고 계세요?

또 공주를 위해 성을 축조하여 후세에 당신의 이름을 영원히 남기겠소!

와~

제가 불교를 신봉해서 불상 하나를 가져왔는데 그곳에다 모셔도 될까요?

당연 하지요!

252

새 왕후가
오셨다!

아, 시집오길
잘 한 것 같아!

이곳이 우리 토번의 도성인 라사요!

여기가 이제 제 집으로 군요.

이미 사람을 시켜서 사당에 불상을 모셔 놓았소.

고마워요!

문성공주가 토번으로 시집간 후 두 나라 사이에는 문화·경제적으로 활발한 교류가 이루어졌다. 송찬간포는 문성공주를 위해 포탈라 궁을 짓기도 했다.
훗날 당 목종과 토번왕은 동맹식을 거행하여 영원히 평화를 유지하고 서로 돕기로 맹세했다.

647년에 건설된 대소사는 토번에서 가장 오래된 사찰이다. 문성공주가 장안에서 가져온 석가모니 등신 동상이 지금도 이곳에 모셔져 있다.

중국 선종의 6대 조사, 혜능

남북조시대에 중국으로 건너온 달마대사는 숭산 소림사에서 선종을 창시했다.
이후 당 고종 때 선종은 획기적인 발전을 이루어 5대 조사 홍인*의 불법을 경청하러 온 사람만 수천 명에 달했다.

너는 어디 사람이고, 왜 이곳에 왔느냐?

저는 영남 사람이고 주지님께 불법을 배우고 싶습니다.

저 먼 남만의 속인이 어찌 성불을 이루겠느냐?

사람은 남북으로 갈려도 불성은 남북이 없습니다.

사람은 속인과 승려로 나뉘어도 불성은 속인과 승려를 가리지 않습니다!

* 홍인弘忍
중국 선종의 5대 조사로 달마, 혜가로 이어진 중국 선종의 실제적인 확립자이다.

하하, 맞다. 『열반경』의 "모든 중생에게 불성이 있다"란 말을 이해한 똑똑한 아이로구나.

널 제자로 받아들이마. 네 법명은 혜능이라 짓고 잠시 절 안에서 잡일을 도와라.

제자, 스승님께 절 올립니다!

홍인 대사에게는 대제자 10명이 있었는데, 그중 신수*가 가장 뛰어나 일찍이 후계자로 인정받았다.

사형, 지금 외고 있는 게 뭐예요?

신수 사부가 담장에 쓴 게**야.

몸은 보리수요, 마음은 맑은 거울이라. 늘 부지런히 닦아, 먼지 묻지 않게 하라.

홍인 대사께서 제자들이 지은 게를 보고 후계자를 결정하신대!

身是菩提樹
心如明鏡臺
時時勤拂拭
勿使惹塵埃

중얼 중얼

장일용 대인, 여기서 뭘 들여다 보고 계세요?

담장에 쓰인 게를 보고 있다.

총총

신수 사부가 쓴 게가 맞습니까?

그래. 이 게를 좇아 수행하면 나쁜 길로 빠지지 않는다는구나.

너도 가서 보려무나.

257

* 보리菩提
불교 최고의 이상인 불타 정각의 지혜, 깨달음.

쌀은 다
빻았느냐?

쿵덕

쌀이 일찍
익어서 체로 걸러
야 합니다.

삼경 때
사부님을 찾아
오란 뜻이
구나.

아-

탕 탕 탕

259

네가 지은 게를 봤다. 참 잘 썼더구나.

그래서 의발*을 네게 전하기로 결정했다.

이제 네가 선종의 다음 조사다!

제게 불법을 전수해 주셔서 감사합니다!

쉿!

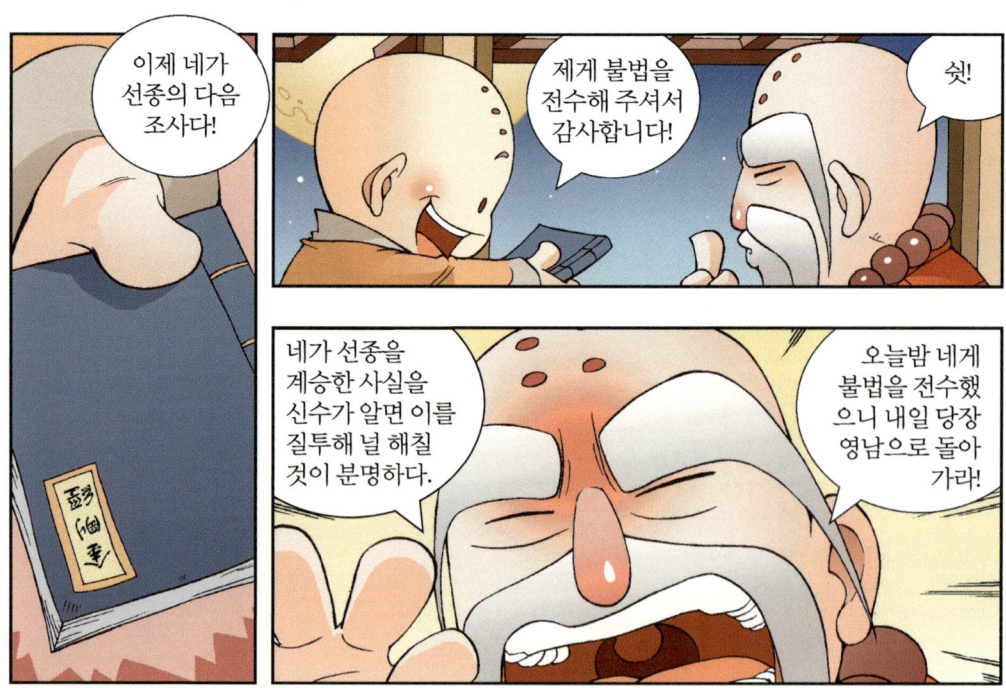

네가 선종을 계승한 사실을 신수가 알면 이를 질투해 널 해칠 것이 분명하다.

오늘밤 네게 불법을 전수했으니 내일 당장 영남으로 돌아가라!

* 의발衣鉢
가사袈裟와 바리때를 아울러 이르는 말로, 스승이 제자에게 법을 전수할 때 징표로 이를 주었다.

마땅히 머무는 바 없이 마음을 내라 ……

원래 모든 사물은 자기만의 불성을 지녔군요!

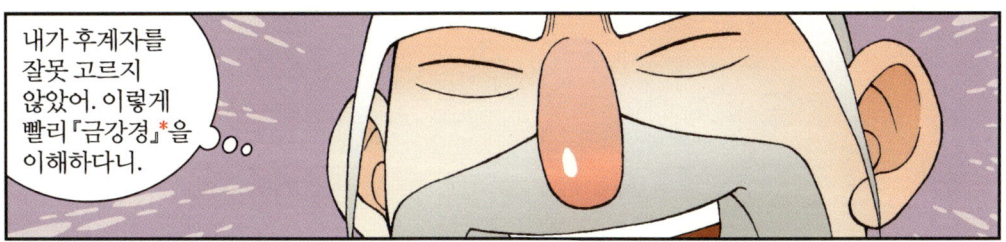

내가 후계자를 잘못 고르지 않았어. 이렇게 빨리 『금강경』*을 이해하다니.

달마 조사의 법의를 네게 전해 주겠다.

몇 년간은 불법을 전하지 말고 숨어 지내라. 그렇지 않으면 목숨이 위험해.

*『금강경金剛經』
지혜의 정체正諦를 금강의 견실함에 비유하여 해설한 불경. 선종에서 특히 중요시한다. 원이름은 금강반야바라밀경金剛般若波羅密經.

사흘 후 홍인은 선종의 후계자가 혜
능이라고 선포했다. 신수는 이에 불
복해 스스로 선종 조사에 올랐다. 또
한 관부의 권세를 믿고 사람을 보내
혜능을 죽이려 했다.

내게 불법을 들려 줘라. 만약 내 마음을 움직이지 못하면 네 목숨은 없다!

어떤 불법을 듣고 싶으시오?

내가 너를 죽이면 선행인지 악행인지 말해 봐라.

그대의 행위가 진심에서 나오면 그만일 뿐, 선악의 구별은 없소.

선악의 구별이 없다고?

선악은 사실 같은 것인데 사람이 억지로 그것을 대립하는 양면으로 나눈 것이오.

선악이 섞여 있는 이유는 사람의 눈, 귀, 코, 혀, 몸, 생각 이 육근六根이 정상적인 판단을 어지럽히기 때문이오.

그래서 육근이 깨끗해야 하는군요.

맞아요!

이렇게 마음이 맑아질 수가……

정말 훌륭한 가르침입니다.

스승님, 저를 제자로 받아 주십시오!

어라?

좋다. 그럼 오늘부터 네 법명은 혜명慧明이다!

네!

이렇게 해서 혜명은 혜능의 첫 번째 제자가 되었다.

하루종일 걸었더니 너무 힘들어.

사부님, 얼른 남쪽으로 달아나 십시오. 제가 여기서 추격해 오는 자들을 막겠습니다!

추격자를 모두 물리치고 난 다음 강서로 가서 불법을 널리 전하겠습니다!

너희들은 혜능을 찾느냐?

그렇습니다!

이쪽에서는 그를 보지 못했다.

전~혀

그럴 리가요? 행적을 보면 반드시 이리로 지나가야 합니다.

그의 다리가 온전치 않아 얼마 못 왔을 테니 다들 왔던 길을 다시 찾아 봐라!

여보게들, 빨리 되짚어 찾아보세.

혜능은 영남으로 도망간 후 깊은 산속에서 무려 16년간 불법을 수행하고 밖으로 나왔다. 그는 널리 제자를 모아 불법을 알리는 데 매진했다.

혜능의 종파는 신수의 '북선종'과 구분하기 위해 '남선종'이라고 일컫는다. 혜능의 어록과 사적을 기록한 『육조단경六祖壇經』은 '경'으로 명명된 유일한 중국 승려의 저서이다.

자기 아이를 죽여 황후에 오르다

649년, 당 태종은 자신의 사후 자녀가 없는 비빈은 모두 감업사로 들어가 비구니가 되라고 명했다.

당 고종 이치는 즉위 후 무미랑을 감업사에서 데려와 소의에 봉했다. 그리고 얼마 후 1남 1녀를 낳았다.

울지 마라, 울지 마.

응애~ 응애~

미랑아, 아기가 정말 귀엽구나! 한번 안아 봐도 될까?

왕 황후

착하지, 울지 마렴.

황후마마, 아기가 마마를 아주 좋아해요!

아이가 있는 네가 너무 부럽구나!

황후에 오를 수만 있다면 얼마나 좋을까!

이 따위 소의가 뭐가 부럽다고?

황후야 말로 부러운 자리지!

미랑아, 이만 가 보련다.

마마, 살펴 가십시오!

그래, 딸애를 목 졸라 죽이고 황후에게 덮어씌우면 그녀를 제거할 수 있어.

황상이 날 총애하니 황후 자리는 조만간 내 것이다!

268

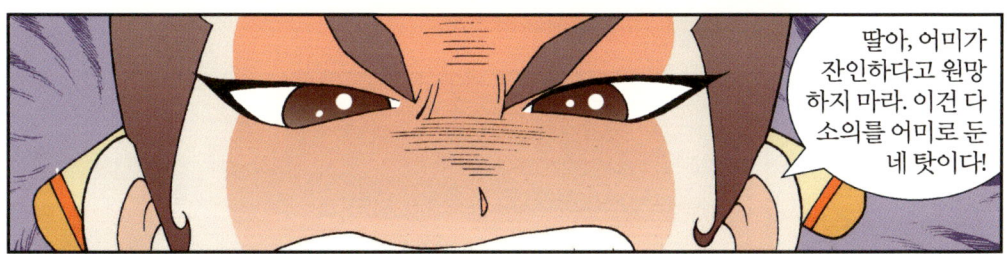

269

왜 그러느냐?

황후마마가 신첩의 딸을 목 졸라 죽였습니다!

울지 마라. 내 황후를 가만두지 않겠다!

655년 10월, 고종은 무미랑의 모함을 그대로 믿고 왕황후를 폐하고 무미랑을 황후에 책봉했다. 얼마 후 무황후는 사람을 보내 왕황후와 또 다른 애첩 소씨를 죽여 버렸다.

황후는 후궁의 주인에 불과해. 역시 최고의 주인은 황제야.

나도 폐하의 총애를 잃으면 언젠간 왕황후 꼴이 나고 말 테니까.

수단과 방법을 모두 동원해 내 스스로 황제에 오르고 말겠어!

270

미랑은 참 마음도 넓다니까!

태자는 미래의 군주입니다. 폐하께서 잘 타이르세요.

그놈은 떡잎부터 아주 글러 먹었어.

국구*만 아니었으면 벌써 태자 자리에서 폐했을 거야!

음, 국구인 장손무기부터 손을 써야겠군.

무황후는 자신의 심복인 허경종과 이의부 등에게 태자 이충을 폐하고 무황후의 장자인 이홍을 태자로 삼으라는 상소를 연거푸 올리게 했다. 이에 고종도 동의했지만 국구를 비롯한 신하들의 반대에 부딪혔다.

허경종, 장손무기를 무너뜨릴 방법을 빨리 생각해 봐라!

음……

* 국구國舅
임금의 장인.

장손무기는 20년 넘게 재상을 지내 막강한 권력을 지닌 데다 폐하의 삼촌이라 제거하기 매우 어렵습니다.

기회가 올 때까지 기다리는 수밖에 없는 건가?

모반 사건이라도 있으면 엮어 버리면 되는데.

아!!

폐하께서 마침 저에게 태자의 세마 위계방의 모반 사건 조사를 명하셨습니다.

가만…

위계방은 장손 무기의 추천으로 태자의 세마가 되지 않았느냐?

빨리 장손무기를 모반의 주범으로 만들 방법을 찾아 봐라!

예, 마마!

275

국구의 모반 사건 때문에 많이 힘들어 보이십니다.

국구가 혈육의 정을 잊고 모반을 꾸몄는데 황상께서는 왜 이런 인간 때문에 괴로워하세요?

짐은 아직도 국구가 이런 일을 꾸몄다고 믿지 못하겠어.

도저히—

우물쭈물하 다가는 도리어 나라가 어지 러워집니다!

하지만 짐은 차마 국구를 죽일 수 없다!

휴…

그를 죽일 필요는 없습니다. 다만 관직을 삭탈하고 사람을 보내 철저히 감시하기만 하면 됩니다.

결국 장손무기는 중경 팽수현으로 유배를 갔고, 3개월 후 무황후는 사람을 보내 장손무기에게 죽음을 강요했다. 이로써 조정에는 무황후에게 공개적으로 대적할 사람이 완전히 사라졌다.

국구를 처리했으니 남은 건 태자뿐인데……

황후에게 아들이 있으니 태자 자리는 마땅히 그가 이어야 합니다.

지금 태자는 규정에 따라 폐해 버리시죠!

제가 내일 폐하께 상소를 올려 태자 교체를 요구하겠습니다.

이 일은 이의부, 허경종 둘이 맡아서 처리해라!

명에 따르겠습니다!

음...

이번엔 폐하도 우리 뜻을 따라 주겠지. 흐흐

짐이 그대의 상소를 모두 봤다. 당장 황후의 장자를 태자로 책봉하라!

영명하십니다!

앗싸!

278

황제 자리를 향한 무미랑의 야심

폐하, 이의부가 대리승을 죽인 확실한 증거가 있습니다!

뭐?

이의부는 나와 황후를 위해 열심히 일했으니 어떻게든 살려 줘야겠지.

왕의방, 함부로 날 모함 하지 마라!

폐하, 모함이 아니옵니다.

왕의방, 넌 조정 중신을 모독한 죄로 내주사호로 좌천한다!

어디서 감히 호랑이 코털을 건드려……

네?

이 일이 있은 후 이의부는 고종과 무황후의 총애를 믿고 더욱 제멋대로 날뛰었다.

폐하, 이의부가 또 현령을 무고하게 죽였다고 합니다.

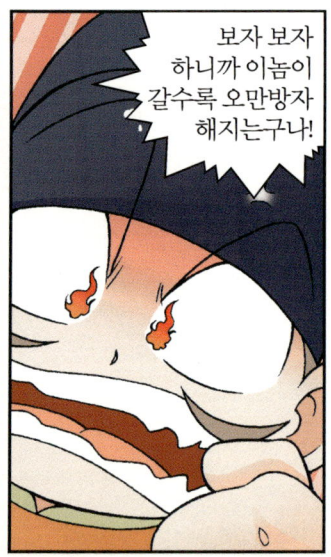

보자 보자 하니까 이놈이 갈수록 오만방자 해지는구나!

이의부를 방치 했다간 사람들의 분노를 사게 됩니다.

알겠다.

무황후는 고종과 이의부의 언쟁 소식을 듣고 슬쩍 고종의 의중을 떠보았다.

이의부를 어떻게 처리하시려고요?

파면시키고 귀양을 보내야지!

아!

이의부의 죄가 그 정도는 아니지 않습니까?

왜? 짐의 결정에 무슨 문제라도 있느냐?

그럴 리가 있겠습니까.

다만 이 대인이 사방을 떠도는 게 안쓰러워서요.

282

너는 후궁 관리에만 잘 신경 쓰고 조정 일은 너무 걱정하지 마라.

예.

이의부가 실각 하면 중서성에 내 사람이 없어 지는데 어쩌면 좋지?

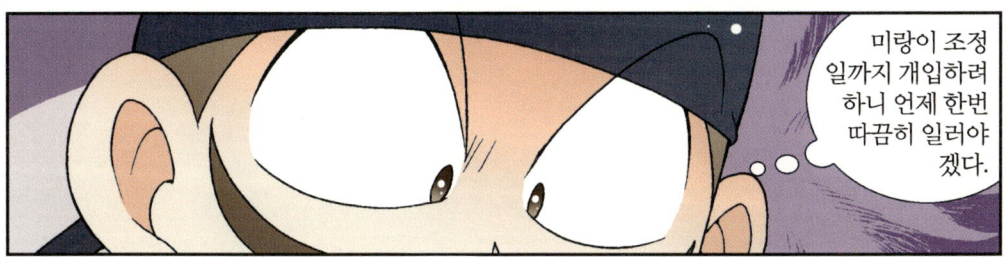

미랑이 조정 일까지 개입하려 하니 언제 한번 따끔히 일러야 겠다.

왕복승, 무슨 일인가?

황후마마가 곽행진이라는 도사를 궁으로 불러들여 굿판을 벌인다고 합니다.

황후가 어찌 감히 그런 짓을!

무슨 굿판을 벌인단 말이냐?

전 황후의 영혼을 제압해 영원히 환생할 수 없게 만들고 있습니다.

굿판을 벌이는 것은 대죄입니다.

알았다.

이 기회에 아주 따끔하게 혼내야겠다.

상관의, 황후를 어떻게 처벌하는 게 좋겠소?

황후를 폐해야 합니다!

뭐?

국모의 몸으로 무술에 현혹되어 국가 사직을 위기에 빠뜨렸으니 황후에서 폐해야만 국운이 창성할 수 있습니다!

맞는 말이다. 즉각 황후 폐위 조서의 초안을 작성하라!

예, 폐하.

황후마마, 큰일 났습니다!

무슨 일인데 이리도 호들갑이냐?

폐하께서 황후를 폐한답니다!

뭣이라?

황상께 가서 분명히 따져야겠어!

나를 폐한다고?!

엉엉, 이제 제가 귀찮아지신 거죠?

그게 아니다.

그녀가 울면 왜 내 마음이 괴로운 걸까?

미랑아, 짐은 전혀 그럴 마음이 없었다.

모두 상관의가 자꾸 재촉하는 바람에……

아!

염려 마라. 내 어찌 너를 폐하겠느냐!

그 말씀 정말이시죠?

그렇고말고. 짐이 하늘에 맹세하마.

나만 믿어!

다음부터는 제발 간신들의 말을 믿지 마세요!

절대로 그러지 않으마.

미랑의 화가 풀린다면 짐이 뭔들 못 하겠느냐.

그리고 상관의를 죽여서 신첩의 분을 꼭 풀어 주십시오.

고종은 당장 상관의를 투옥하고 황후 폐위는 없던 일로 했다.

내가 비록 국모라지만 내 운명은 전부 황제의 손에 달려 있구나.

내가 황상과 같은 지위를 얻지 못하면 언제 또 폐위 얘기가 나올지 몰라.

짐과 같이 조정에 나가 겠다고?

예!

안 된다. 아녀자가 정사에 간여하면 체통이 서겠느냐?

저를 위해서라면 어떤 청도 들어준다고 하시지 않았습니까?

그래도 이건……

또 혼자서 정사를 처리하려면 많이 피곤하실 테니 신첩이 거들어 드릴게요.

그럼 황위 뒤에 발을 쳐 줄 테니 거기 앉아 있어라.

고맙습니다!

야호!

태산의 봉선 제사 때도 꼭 신첩을 데려가 주세요.

욕심이 한도 끝도 없구나!

아잉~

임금은 하늘이고 왕비는 땅이다. 네가 봉선 의식에 가면 하늘의 노여움을 산다.

하늘도 우리 부부의 정이 얼마나 깊은지 알아서 화내지 않을 걸요?

너에게 두 손 두 발 다 들었다.

이에 태산 봉선 의식에 사상 최초로 여성이 모습을 드러냈다. 하지만 무미랑은 여기서 그치지 않고 더 큰 야심을 품고 있었다.

중국의 유일한 여황제, 측천무후

무황후가 수렴청정을 시작한 후 고종은 건강이 악화되자 아예 국사 결정권을 무황후에게 넘겨주었다.

휴, 짐의 건강이 갈수록 나빠지는구나.

홍아, 널 감국*에 임명하기로 결정했다.

명을 받들겠습니다!

모르는 것이 있으면 모후에게 묻도록 해라.

* 감국監國
임금이 국외로 나갔을 때 도성에 남은 태자를 일컫는 말. 여기서는 일시적으로 권한을 위임한다는 의미임.

하루는 이홍이 국사를 마치고 궁중을 거닐 때였다.

히히……

호호……

앗, 깜짝이야.

저들은 누구냐?

소숙비의 딸인 의양공주와 선성공주입니다.

불쌍한 것들……

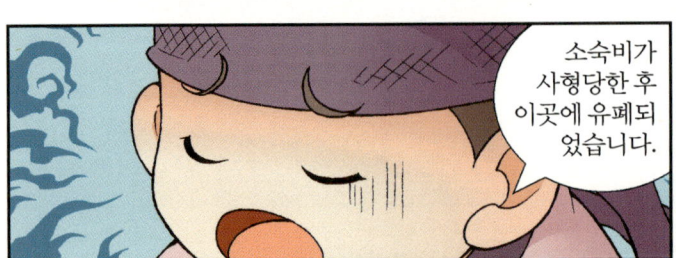

소숙비가 사형당한 후 이곳에 유폐되었습니다.

홍이는 정말 착한 아이구나!

왜 그러세요?

홍이가 의양 공주와 선성 공주의 유폐를 취소하고 혼약을 맺어 주라고 청했어.

내가 그들 자매를 가둬 놨는데 감히 그들을 풀어 주라고 청해?

이 일은 황후가 처리 해 주게.

명에 따르겠 습니다.

어마마마, 어떻게 황가의 딸을 문지기에게 시집보낼 수 있습니까?

네가 감히 이 어미를 꾸짖는 게냐!

공주를 어떻게 미천한 문지기에게 시집보내느냐고요?

안 될 게 뭐 있느냐! 그것도 다행인 줄 알아야지.

콰당

홍아, 왜 그러느냐?

어찌 그리도 표독하십니까.

어질 어질

294

그 일이 있은 후 태자 이홍은 며칠 만에 의문의 죽음을 맞고 말았다.

엉엉, 태자가 갑자기 죽다니!

흑흑

새 태자 이현李賢은 몸이 튼튼하고 문무를 겸비했으니 단명하지 않을 겁니다.

그래.

부황의 병세는 갈수록 심해지고, 모후의 야심은 갈수록 커지고 있소.

전 태자가 황후에게 독살됐다는 소문이 파다합니다.

그럴 가능성이 높아.

궁녀들 말로는 태자전하가 황후의 친아들이 아니라고 합니다.

그럼 날 누가 낳았소?

이게 무슨 날벼락 같은 얘기지?

그게, 황후의 언니인 한국부인이라던가……

뭐?

한국부인은 모후에게 독살 당했다고 들었는데.

어쩐지 모후가 어려서부터 날 미워하더라니.

태자전하의 처지는 전 태자보다 더 위험하니 각별히 조심하십시오.

그래.

이 버르장머리 없는 놈! 사사건건 내 말에 반대 하다니!

신경질 나—

으이구, 저 성질머리.

신이 살펴보니 태자의 사주팔자 는 황후마마와 상극입니다.

살려 둬서는 안 되겠어!

만일 이현이 자 기 출생의 비밀을 안다면 그를 황위 에 앉혀봐야 내게 불리하기만 해.

명숭엄, 폐하 앞에서 태자의 험담을 늘어 놓아라!

예!

297

무황후는 명숭엄을 앞세워 태자 이현을 공격했는데, 어느 날 뜻밖의 변고가 발생했다.

명숭엄이 자객의 칼을 맞고 죽었습니다!

뭐라고?

그래, 태자에게 누명을 씌울 좋은 기회다.

키킥~

태자가 명숭엄을 죽였다는 확실한 증거가 나왔습니다.

정말이냐?

태자는 착한 아이다. 제발 관대하게 처리해라.

이번에는 절대 그냥 넘어갈 수 없습니다!

태자궁에서 찾아낸 많은 무기는 모반의 증거입니다!

궁 안의 무기는 무술 연습용일 것이다. 이것으로 모반할 마음을 품었다는 것은 너무 과하다!

사사로운 정에 매달려 국법을 폐해서는 안 됩니다.

쩔쩔

이번 한 번만 그를 용서해 줘라!

신첩은 오로지 대의 멸친을 알 따름입니다!

내가 어쩌다가 이렇게 되었을꼬.

299

이현은 곧 무황후에게 폐출된 후 살해당하고 주왕 이현李顯이 태자에 올랐다.
683년, 고종 이치가 세상을 떠나고 이현이 중종中宗으로 즉위했다.

짐이 위현정을 예주자사로 발탁하려는데 경들의 생각은 어떻소?

위 대인이 폐하의 장인이긴 하지만 아무런 공로가 없으니 ......

배염, 지금 짐의 결정에 토를 다는 것이오!

신이 어찌 감히.

아니면 됐다. 물러가라!

황제가 된 기분이 끝내주는 걸.

헤헤—

중종 이현이 위현정과 함께 정권을 장악하려던 계획은 금세 무황후의 귀로 들어갔다.

황상이 장인과 유모의 아들을 고관에 봉하다니.

폐하가 우매하여 이렇게 가다간 나라의 기강이 흔들립니다!

맞다!

아무래도 황제를 교체해야겠다.

배염, 뭐하는 짓이냐?

폐하를 여릉왕으로 강등하고 예왕 이단(李旦)을 황제로 삼으라는 태후의 명이오!

이것은 모반이다!

폐하가 천하를 위현정에게 넘겨줄까 염려한 태후의 궁여지책*이오.

그러게 조용히 자리나 지킬 것이지.

690년, 무태후는 아예 이단을 몰아내고 스스로 황제에 올라 국호를 '주(周)'로 정했다. 이로써 후세에 측천무후라 불리는 유일한 여황제가 탄생했다.

* 궁여지책窮餘之策
궁한 나머지 생각다 못하여 짜낸 계책.

302

나라를 걱정한 대시인, 낙빈왕

당 초기에 매우 뛰어난 문학가인 왕발, 양형, 노조린, 낙빈왕을 사람들은 '초당사걸'이라 칭했다. 그중에서 낙빈왕은 어려서부터 신동 소리를 들었다.

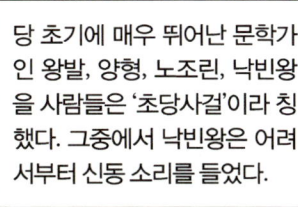

아빠, 거위가 너무 예뻐요.

허허

꽥꽥꽥, 굽은 목은 하늘 향해 노래하고, 흰 털은 푸른 물에 떠 있고, 붉은 발바닥 맑은 물을 튕기네.

빈왕아, 넌 시를 많이 읽었으니 거위에 대한 시를 지어 보겠니?

오,
훌륭한
시다!

하하하!

껄껄~

낙빈왕은 성격이 도도한 성인으로 성장하여 무공주부를 역임할 때 유명한 장편시 「제경편帝京篇」을 썼다. 그는 이 시에서 통치 집단이 번드레한 겉모습에 취해 절대 자만해서는 안 된다고 경종을 울렸다.

「제경편」이 조야에서 널리 읽히며 명문으로 칭송받자 낙빈왕의 명성도 최고봉에 우뚝 섰다.

자네를 명당현 주부로 임명하겠네.

명당은 도성의 현이고, 주부는 종팔품이라 무공 주부보다 두 단계가 높다.

한편 「제경편」을 보고 크게 감탄한 이부시랑 배행검은 낙빈왕을 발탁해 기용했다.

감사합니다. 절대 대인을 실망시키지 않겠습니다.

나에게 감사할 것 없네. 이번 승진은 다 「제경편」 덕분이니까.

모친께서 얼마 전 돌아가셔서 전 이제 걱정이 없습니다.

지금 조정의 관직을 얻었으니 나라를 위해 이 한 몸 불사르겠습니다!

낙빈왕이란 작자가 자꾸 뇌물 받은 일을 폭로해 재물 길이 막혀 버렸어!

흥! 우리도 그에게 뇌물죄를 씌워 철창 맛을 보게 합시다!

맞습니다. 정말 골치 아픈 놈입니다!

낙빈왕은 용기 있게 직언을 올렸다가 결국 권력자의 미움을 사 뇌물을 받았다는 억울한 누명을 쓰고 옥에 갇혔다.

맴맴
맴맴
맴맴
맴맴맴
맴맴

창밖의 매미가 슬피도 울고 있네.

매미는 높은 곳에 살고 품성이 고상해서

하지만 난 가을바람과 이슬에 박해 받는 매미처럼 날고 싶어도 날지 못하고 울고 싶어도 소리가 나지 않아.

가을바람의 도움 없이도 소리를 먼 곳까지 전하잖아.

주둥이 드리워 맑은 이슬 마시고, 성긴 오동나무에서 소리 흘려보내네.
높은 곳에 있어 소리 절로 멀리 가니, 가을바람을 빌려서가 아니라네.

혼자서 뭐라고 중얼거리십니까?

아, 이보게.

시를 쓰려 하니 붓과 종이 좀 주게나.

가을날 매미 소리 울려 퍼지니, 감옥 속의 나는 수심에 잠기네. 더욱 참기 어려운 것은 검은 날개를 가진 매미가 내 흰머리를 향해 우는 것이다.

이슬이 무거워 날아오르기 어렵고, 바람이 심해 우는 소리도 가라앉기 쉽다. 나의 고결함을 믿어 주는 이 없으니, 누구에게 내 마음을 고백하리오.

너무 자책하지 마세요. 곧 대사면령이 내린다는 좋은 소식입니다. 이제 금방 풀려 나실 거예요.

무슨 큰 경사라도 있는가?

고종께서 영왕을 태자로 세우며 대사면령을 내렸습니다.

운이 좋으면 복직도 되실 거예요.

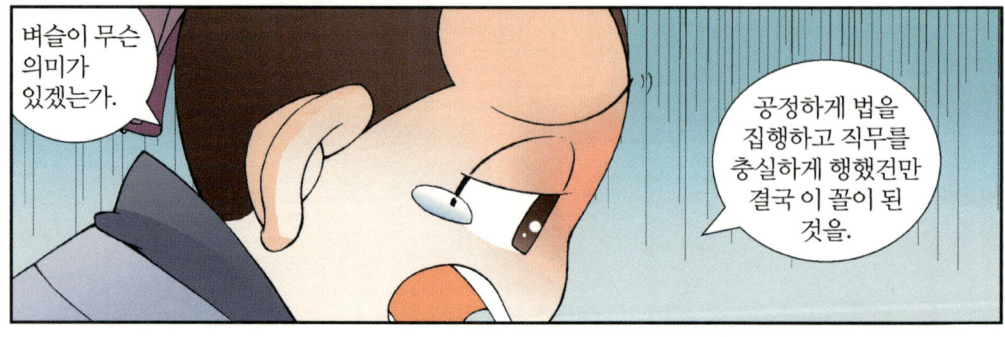

벼슬이 무슨 의미가 있겠는가.

공정하게 법을 집행하고 직무를 충실하게 행했건만 결국 이 꼴이 된 것을.

긴긴 밤 이리저리 뒤척이느라 잠이 안 오네.

헉! 자는 줄 알았어.

보잘것없는 미물이라도 시커먼 밤중에는 유일한 빛이야.

아름답다. 창밖의 깜빡이는 반딧불이가 어두 컴컴한 밤을 비추는구나.

반딧불이가 끝없는 어둠 속에서 스스로 빛을 발하니

그 정신이 정말로 고귀하구나.

309

미물인 반딧불이도 날갯짓을 해 하늘로 솟는데

당당한 대장부가 돼서 목을 움츠리고 신세 한탄만 한단 말이냐!

벌∼떡

목숨이 붙어 있는 한 반드시 마지막 불꽃을 태우리라!

679년, 낙빈왕은 사면령으로 출옥하고 이듬해 임해승에 임명되었다.

이번에 임해로 부임하면 드디어 고향으로 돌아가는구나.

어머니, 이 아들이 어머니를 고향에 모시겠습니다.

마침내 어머니를 고향에 안장해 드렸어.

안타깝게도 아버지는 박창 부임 중에 병사하셔서 어머니와 합장해 드릴 수 없구나.

지난번 연제로 출장 갔을 때는 죄인의 몸이자 수행원 신분 이어서

박창에서 성묘하고 잠깐 머무느라 부친의 유골을 가져오지 못했는데

이제 생활이 안정되면 꼭 박창에 가서 아버지 영구를 이곳으로 모셔 와야지.

683년 섣달에 고종이 세상을 떠났다.

이듬해 정월에 태자 이현이 즉위하여 중종에 오르고 무측천은 황태후가 되었다.

중종이 즉위한 지 3개월도 안 돼서 무후에게 폐위되고 다른 곳에 연금당했대.

이어서 어린 아들 이단이 예종에 즉위하고 무후가 정권을 손아귀에 틀어쥐었다는군.

무후가 다른 말이 나오지 않게 이씨 종실과 원로대신들을 죄다 죽이고

또 밀고를 널리 장려해서 마음에 들지 않는 사람들은 모반죄로 엮어서 바로 죽여 버리고 있지.

이씨 종실들이 다들 불안에 떨고 민심이 흉흉해 공포 분위기나 다름없다고.

무씨 종족과 자기 심복을 중용하고 있어.

313

낙빈왕은 조정에 대한 믿음을 잃어 관직을 버리고 개국 공신 이세적의 손자인 이경업과 친분을 맺었다.

이번에 무후가 반대파를 모두 제거했으니 꼭 이씨 종실을 다시 일으키고 말겠소!

이경업

내가 도울 수 있는 것이라면 뭐든 말해 주시오.

낙형은 글재주가 뛰어나니 무후 토벌 격문을 써 주면 어떻겠소?

그 일은 내가 책임지고 맡겠소!

하지만 무후 토벌 작전은 실패로 돌아가고 말았다. 결국 낙빈왕은 황야를 떠돌다가 타향에서 객사해 유골조차 찾지 못했다. 대시인은 이렇게 비참한 운명을 맞았다.

혹리 내준신이
제멋대로
날뛰다

측천무후는 황제에 오른 후 반대파를 제거하기 위해 혹리를 중용해 잔혹한 고문으로 사람들의 자백을 받아냈다. 주흥과 내준신은 그중 가장 대표적인 혹리였다.

억울하다! 난 모반하지 않았다!

식초를 저놈 코에 부어라!

예!

주흥, 자…잠깐!

으악!

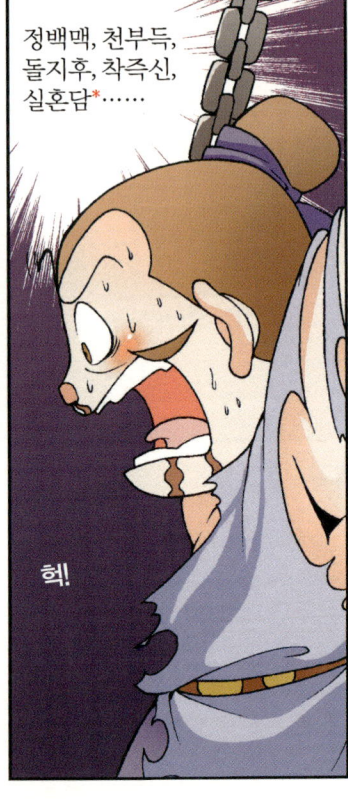

정백맥, 천부득,
돌지후, 착즉신,
실혼담*……

헉!

초를 붓는 건
아무것도 아니다.
새로운 고문 기술이
아주 많은데 맛 좀
보여 줄까?

별로 재미없다면
너에게 딱 어울리는
맞춤 고문으로
가 주지.

알았다.
자백하마!

버둥

버둥

* 정백맥定百脈은 온몸의 맥을 다 끊어 놓는 것, 천부득喘不得은 숨조차 제대로 못 쉬게 하는 것, 돌지후突地吼는 갑자기 숨을 토하게 만드는
것, 착즉신着卽呻은 앉으면 바로 실토하는 것, 실혼담失魂膽은 혼을 모두 빼 놓는 것을 말한다.

얼마 후 주흥이 모반을 꾸몄다는 고발이 들어오자 측천무후는 내준신에게 심문하도록 명했다.

내준신은 주흥이 고문 제조의 고수이므로 일반적인 고문으로는 별 재미가 없을 것 같아 한 가지 꾀를 생각해 냈다.

주흥!

엇?

지금 입이 아주 무거운 죄인을 심문하는데 도통 입을 열어야 말이지.

무슨 좋은 방법이 없는가?

흐흐, 효과가 아주 빠른 걸로 부탁하네.

내준신, 심문실에는 어쩐 일인가?

가르침을 좀 받을까 하는데.

최근에 새로 발명한 형틀인데 효과가 죽이지.

그래? 빨리 얘기해 보게나.

큰 항아리 주변에 불을 지펴 놓고 죄인을 항아리에 집어 넣으면 신선이라도 불게 돼 있지.

죽이지?

활

활

주흥!

왜 그러나?

네가 모반을 꾸몄다는 고발이 들어와 폐하께서 내게 심문을 맡기셨다. 얼른 항아리에 들어가 앉아라!

내 대인, 우리가 함께 일한 지 수년인데 한 번만 용서해 주시오!

그럼 당장 자백서에 서명해라.

서명하고 말굽쇼!

693년, 명재상 적인걸이 내준신의 모함을 받아 옥에 갇혔다.

강골인 줄 알았는데 이제 보니 순 겁쟁이였구먼.

너무 쉬운 걸~

짤그럭

적인걸, 죄를 인정하지 않는다면 고문당해도 날 탓하지 마라!

다 자백하겠습니다!

제가 순순히 죄를 인정했으니 고문을 당하지 않겠죠?

그러마. 모반죄는 어차피 사형에 처해질 테니까.

옥에 보내줄 테니 며칠이라도 편히 지내라.

정말 감사합니다!

319

폐하, 제 아비가 누명을 썼습니다!

그게 무슨 말이냐?

여기 제 아비의 소장이 있으니 어람해 주십시오.

적인걸은 분명 죄를 인정하지 않았는데 내준신이 왜 자백했다고 말했지?

음......

320

측천무후는 적인걸의 사형
시기를 늦추고 통사사인
주림에게 적인걸의 상황을
탐문하라고 명했다.

주림, 여긴
어인 일이오?

대인이 고문한
죄인들이 모두
여경문 안 감방에
갇혀 있습니까?

그렇소.
적인걸이 안에
있으니 들어가
보시죠.

내준신에게
미움을 샀다간
그날로 끝장
이다.

또 여경문에
들어가서 살아나
온 자가 하나도
없어.

됐습니다.

겁쟁이!

321

측천무후는 적인걸의 자백서를 다시 보고 아무래도 의심이 들어 직접 적인걸을 심문했다.

적인걸, 누명을 썼다면서 왜 자백서를 작성했느냐?

펄럭~

이 자백서는 내 대인이 써서 제게 서명을 강요한 것입니다.

사람들이 네가 모반했다고 고발했을 때 솔직히 짐은 믿지 않았다. 하지만 네 입으로 모반하지 않았다는 말도 믿지 못하겠다.

주위에 믿을 수 없는 사람 천지니, 원.

내준신이 널 모함했는데 왜 서명을 한 것이냐?

서명하지 않았다면 살아서 폐하를 뵐 수 있었을까요?

사형은 면하겠
지만 실형은 피하기
어려우니 팽택에
가서 현령으로
살아라!

적인걸은 다행히 화를 면하
고 측천무후가 내준신을 의
심하게 만드는 데 성공했다.
이에 그녀는 사람을 보내 몰
래 내준신을 감시했다.

그러나 내준신은 조금도 위축
되지 않고 도리어 더욱 방자
해져 태자 이단이 모반했다고
무고하기에 이르렀다.

아─ 진짜
시끄럽네.

난 억울
하다!

감히
법정에서 소리를
지르다니!

난 태자의 하인이다. 내준신이 날 고문해 태자가 모반했다고 무고하려 한다!

누가 저자를 데려왔느냐? 당장 끌어내라!

나 안금장, 죽음으로 태자의 결백을 증명하겠다!

나보다 더 독한 인간이다.

큰일 났다. 이 일을 빨리 폐하께 알려야겠다.

안금장, 몸은 괜찮으냐?

측천무후는 법정에서 벌어진 소동을 듣고 즉시 의관을 보내 안금장을 치료하라고 명했다.

폐하, 빨리 태자전하를 구해 주십시오!

내준신에게 죽임을 당하기 직전입니다!

내준신이 정말 좋은 사람들을 모함했다면 적인걸 등도 모함을 당했을 거야.

네가 아니었으면 태자가 사지에 몰렸는지도 모를 뻔했다.

여봐라, 태자 사건 조사를 당장 중지하라!

또 내준신 때문에 쫓겨난 관원들을 모두 복직시켜라!

얼마 후 내준신은 또 태평공주를 모함했다가 끝내 측천무후의 분노를 사 목이 달아나고 말았다.

내준신이 형장에 끌려가던 날, 낙양 사람들이 모두 즐거워하여 분위기가 마치 명절 같았다.

326

적인걸의 추천으로
인재가 가득
해지다

혹리 내준신의 무고로 당시 호부시랑을 역임하던 적인걸은 팽택현령으로 강등되었다.

올해는 가뭄이 심각하게 들었구나.

찌-억

적 대인, 다들 굶기를 밥 먹듯 하고 있습니다.

그럼 뭘 먹고 산단 말이냐?

땅속의 마른 잡초로 연명하고 있습죠.

흑

식량이 하나도 나지 않는데 조정에서는 세금을 내라고 난리입니다!

걱정 말게. 폐하께 말씀드려 올해 세금을 면해 주겠네.

폐하께서 대인이 올린 세금 면제 상소를 보시고 팽택의 조세를 3년간 면해 주기로 결정했습니다.

재해가 심각하기는 팽택현만이 아닌데 다른 현령들은 이 상황을 알리지 않아 세금 감면을 받지 못했습니다. 대인이 팽택현에 오신 것은 저희에게 행복입니다!

잘됐구나. 백성이 당분간 세금 때문에 걱정할 일은 없어졌다.

곧 새해가 오는구나!

죄수들을 풀어 주어 가족과 함께 시간을 가지 도록 해라!

만일 돌아 오지 않고 도망 가면 어떡 합니까?

풀어 주기 전에 돌아올 날짜를 약속 받아라. 나는 죄수들이 약속을 지키리라고 믿는다.

죄수 둘이 약속 날짜보다 늦었으니 법률에 따라 사형에 처해야 합니다.

왜 늦었는지 확실히 물어 봤느냐?

찌릿―

그들이 일부러 늦은 것은 아니구나. 사형을 면해 줘라.

예!

우리 현령님, 참 인자하기도 하시지.

한 명은 강에서 큰바람을 만나 배를 탈 수 없어 육로로 왔다고 하고,

다른 이는 모친이 돌아가 셔서 장례를 치렀다고 합니다.

330

적인걸은 백성을 자식처럼 아껴 백성들의 칭송을 얻고 명성도 갈수록 높아졌다.

697년, 적인걸은 다시 조정으로 돌아와 지관시랑에 임명되었다.

짐이 조카와 아들 중 누구를 태자로 삼는 것이 옳겠소?

모자와, 고모 조카 사이 중 어떤 관계가 더 친합니까?

당연히 모자 관계지.

모자 관계가 더 친하기 때문에 자식은 부모의 제사를 지내고 고모의 제사를 지내지 않습니다.

돌려 말하지 말고, 이씨를 태자로 삼으란 얘기 아니냐?

짐이 좀 더 생각해 볼 테니 그만 물러가라.

맞습니다.

짐이 어젯밤 꿈속에서 아름다운 앵무새를 봤는데 날개가 모두 잘려서 날지 못했다.

측천무후는 이씨를 태자로 삼으면 자신이 힘들게 세운 무씨 왕조가 무너질까 염려돼 쉽게 결정을 내리지 못했다.

폐하의 성이 '무'이므로 이 앵무새는 바로 폐하입니다.

또 잘린 두 날개는 폐하의 두 아들을 가리킵니다.

서둘러 아들을 태자로 세우면 앵무새가 날 수 있습니다!

여릉왕 이현이 태자에 가장 적합하다고 여겨집니다.

오홍~

현이를 태자로 삼으면 고생해서 뺏은 황위가 다시 이씨 수중으로 들어가는 거잖아?

거란이 유주로 쳐들어온다는 급보입니다!

거란이 왜 갑자기 반란을 일으켰지?

여릉왕을 태자로 삼지 않으면 절대 물러가지 않겠답니다.

거란까지 이씨 왕조를 그리워 할 줄은 상상도 못 했어.

최근 돌궐까지 여릉왕을 옹립하는 깃발을 들고 국경에서 소란을 피웠습니다.

안팎으로 무씨의 황위 계승을 반대하는군.

서둘러 여릉왕을 태자로 삼으십시오!

그래야 거란, 돌궐에게 침략의 빌미를 제공하지 않습니다.

폐하의 말이 무슨 뜻이지?

그대가 여릉왕을 그토록 그리워한다면 짐이 그를 돌려주겠다.

나도 이럴 때가 있다구.

설마 여릉왕이 저 발 뒤에?

적 대인, 오랜만이오!

여릉왕!

10년 전 기개가 늠름하던 모습이 이렇게 변하셨군요!

여릉왕을 태자로 삼기로 결정하셨습니까?

현이와 단이 중 누굴 세울지 확실히 결정 못했소.

어쨌든 폐하의 아들을 태자로 삼는 것은 확정하셨군요!

그렇소.

조카를 태자로 삼는 것은 스스로 무덤을 파는 일이야.

짐이 죽으면 그들은 화근을 제거하려 짐의 아들과 손자를 모조리 죽일 테니까.

그동안 거기까지 생각이 미치지 못했어.

현이와 단이는 조정을 떠난 지 오래됐으니 경들이 잘 보좌해야만 하오.

당연하지요!

698년, 이단이 스스로 태자 자리를 포기함에 따라 이현이 순리대로 태자가 되었다.

적인걸은 항상 인재를 추천했고, 측천무후는 그가 추천한 관리들을 등용했다.

짐이 재상을 임명하려 하는데 적합한 인물을 추천하시오.

형주장사 장간지가 가장 적합합니다.

장간지는 나이가 너무 많지 않을까?

그럼 장간지를 먼저 낙주사마에 임명하라!

나이는 많지만 능력이 대단히 뛰어나 재상의 직위를 능히 감당할 수 있습니다.

한참 후

신이 추천한 장간지가 지금까지 도 중용되지 않고 있습니다.

요즘은 왜 인재를 추천하지 않는가?

짐이 승진시켜 주지 않았느냐? 승진은 중용이 아니란 말이냐?

신은 그를 재상으로 추천했는데 지금 보잘것 없는 사마로 있지 않습니까!

그럼 그를 추관시랑으로 임명한다!

하여간 고집불통 이라니깐.

감사 합니다.

상서랑에 결원이 생겼는데 적당한 인재가 있소?

신의 아들 적광사를 추천합니다.

훗날 적인걸은 환언범, 경휘, 요숭 등 명신들을 추천하여 당은 인재들로 가득 넘쳤다.

인재를 추천하는 데 가족을 꺼리지 않는 그대야말로 진정한 기해요!

짝 짝 짝

기해祁奚가 나이가 많아 사직을 청하자 도공이 중군위를 누구에게 맡겨야 할지 물으니 기해가 해호를 추천했다. 도공이 "해호는 그대의 원수 아닌가"라고 묻자 기해는 "제게 누가 적합한지 물었지, 누가 제 원수인지는 묻지 않았습니다"라고 대답했다. 해호가 죽자 기해는 다시 기오를 추천했다. 도공이 또 "기오는 그대의 아들이 아닌가?"라고 묻자 기해는 "제게 누가 적합한지 물었지, 누가 신의 아들인지 묻지 않았습니다"라고 대답했다. 이것이 바로 춘추시대 진晉나라 기해의 '외부 사람은 원수라도 꺼리지 않고 내부 사람은 가족도 꺼리지 않은' 고사다.

위씨가 조정을 어지럽히다

705년, 측천무후가 죽고 중종 이현이 즉위했다. 하지만 황후 위씨가 자주 조정 대사에 간섭하고, 710년에 안락공주 등과 모의하여 아예 이현을 독살해 버렸다. 그녀는 상관완아에게 유조를 위조하게 해 나이 어린 이중무李重茂를 황제로 옹립하고 대권을 독점했다.

태후께서는 왜 측천무후를 본받지 않으십니까?

황족을 다 죽여 버리면 그들이 반대해도 소용 없습니다.

좋은 생각이다. 그럼 상왕 이단부터 손을 쓰자!

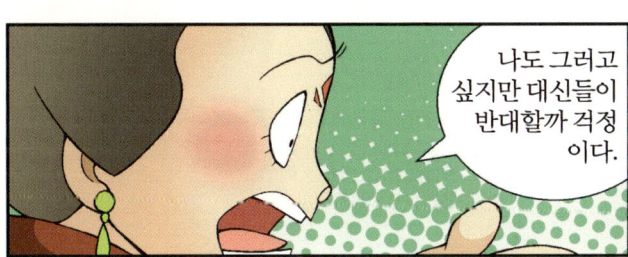

나도 그리고 싶지만 대신들이 반대할까 걱정이다.

위태후의 음모는 이단의 아들인 임치왕 이융기의 귀에까지 들어갔다.

형님, 태후와 대신들이 외삼촌을 죽이려 밀모하고 있습니다!

태후의 사람이 상왕부를 감시하고 있어서 아버지가 도망갈 수 없을 거야.

이융기

그럼 그냥 앉아서 구경만 할 겁니까?

설숭간

아버지가 살해 당하는 걸 눈뜨고 볼 자식이 어디 있느냐!

날 어찌 보고!!

형님만 움직이면 어머니도 힘껏 돕겠다고 하셨어요.

잘됐구나. 고모 태평공주는 인맥이 넓어서 도와준다면 큰 힘이 될 것이다!

하루는 이융기가 수하 장수들과 술을 마시고 있었다.

임치왕께서 모르시는 게 있습니다.

새로 부임한 어림군 대장 위파와 위선은 군사를 전혀 모르면서 우리를 때리고 욕하기만 합니다요.

갈복순, 술 마시는데 왜 다들 우울한 표정이냐?

보십쇼. 손과 등에 온통 채찍 자국뿐입니다.

위씨 사람들이 정말 해도 너무하는구나. 언젠간 그들을 다 없애고 말 테다!

거사를 시작하실 때 저희를 꼭 기억해 주십시오!

저흰 위씨 놈들에게 맺힌 원한이 많습니다!

내 군사를 일으켜 위태후를 제거할 생각이다!

황성 수비를 책임지는 어림군은 이융기의 반란 모의에 동참하고 함께 밤에 거사하기로 약속했다.

저희도 임치왕과 함께하길 원합니다!

철저히 준비를…

기병 사실을 상왕께 알려야 하지 않을까요?

안 된다. 이 일은 내가 책임져야 하니 부친을 끌어들이지 마라. 성공하면 사직을 일으키는 것이고, 실패해도 우리 몇 사람만 죽는 걸로 끝내야 한다.

지체할 시간이 없다. 빨리 출발하자!

예!

어림군 대장 위파와 위선을 모두 죽였습니다!

아주 잘했다!

시작이 좋구나. 끝까지 가 보자.

현무문을 지키는 어림군 형제들은 모두 임치왕을 따르겠습니다!

위후가 선제를 독살하고 사직을 어지럽혔다.

오늘밤 위씨 일가를 모두 제거하자!

명만 내려 주십시오!

모두 현덕문과 백수문으로 쳐들어간다!

예!

이용기가 궁 안으로 쳐들어오자 깜짝 놀란 위태후는 서둘러 궁 밖으로 빠져나갔다.

와ㅡ

빨리 도망가지 않으면 끝장난다!

에그머니!

위태후가 이른 곳은 정예군이 모인 비기영이었다.

멈춰라!

나는 위황후다. 빨리 나를 보호하라!

다 다 다

위태후의 총애를 받던 궁녀 상관완아는 사태가 심상치 않음을 알고 살길을 모색했다.

상관완아, 장군들을 영접합니다.

얜 뭐가 이렇게 뻔뻔해.

이건 뭐냐?

전에 위조된 유조입니다.

가짜 유조를 바쳐도 소용없다. 임치왕께서 이미 널 죽이라고 명하셨다.

아……

오늘 저승길로 안내하마!

궁정을 어지럽히고 조정 일에 간섭한 이를 살려 두면 후환이 된다!

위씨 잔당들을 모조리 제거했습니다!

잘했다!

이제야 두 다리 쭉 뻗고 자겠구나!

아버지!

쾅-

융기야, 너로구나!

위태후가 사람을 보내 날 죽이려는 줄 알았다.

안도

다 네 덕분 이다. 하마터면 난……

위태후 일당을 모두 제거했으니 이제 안심하십 시오!

710년, 이단이 황제에 올라 예종이 되었다. 이로써 조정 권력은 다시 이씨의 수중으로 들어왔다.

2년 후, 황제가 될 마음이 없었던 이단은 황위를 아들 이융기에게 넘겨주었다. 그가 바로 그 유명한 당 현종이다.

다음 권에 계속됩니다…